鬼哭神嚎

陰陽眼下的靈異世界11

陶貓貓 著

鬼 有執念，有怨念，還有理念。
會戀物，會助人，還會復仇。
高靈人王穿越陰陽的真實經歷。

自序

很難想像一個墨水不多的我，居然可以出版第二本書，因為在寫作層面上，我始終是個素人，但仍有讀者肯去掏腰包冒這個險，我真的非常感謝您們。

離第一本《鬼域貓瞳》已經足足一年了，其間我經歷過很多事，大病啦，入院做手術啦，休養生息啦等等，故此，有貨也不能交！感謝總編沒有放棄我，耐心地等了我一年。

今次這本書，大家可能會發現替我寫序的朋友，某些在我第一本《鬼域貓瞳》時已經出現過，那為什麼今次又找他們呢？這是我的一點私心，我很希望與他們在我寫書的生涯上一同見証。

我很感謝他們再次陪我前行，亦要感謝「筆求人工作室」的若愚哥再次給我機會，完成做一個作家的夢想。

2020年，老實說，是難涯的上半年，但某程度對我來說，也是精彩的上半年，我嘗試了很多有趣，有意思的工作，認識了很多陰陽眼族人和法科師傅，見到了很多不可思議的事情，買了很多對球鞋。可以說不枉此半生吧！

為報答大家，今次我精心挑選了三十個自己和好朋友的經歷，當中有喜有悲，也有令鬼哭神怒的，希望大家可以融入我的人生。

再次感謝仍然支持實體書的您們。

祝好時高運。

陶貓貓@真是神秘調查班
於2020年3月19日

如現場一樣感受靈體

筆者自創了一個叫「高靈人士」的四字語來形容一些,對靈界擁有特異體質的人士,例如可感應到他們的存在,甚至可與他們作溝通的。在眾多認識的「高靈人士」中,其中貓瞳,可謂能看得比較準確的一個。其實,在過去約半年,筆者也多次邀請貓瞳分析節目內的靈異相片及短片,所得出的答案也多吻合事主所遇到的事情。

人總會有好奇心的,一般人對靈界事物有興趣,但又未能看到或感受到的話,他們會千方百計透過一些通靈方法希望接觸到,當然這會存在通靈的風險。所以,筆者不太鼓勵一些沒有師傅在場的靈界接觸。唯一安全而又可以如現場一樣感受靈體的出現,就只有閱讀貓瞳這本新作吧!

潘紹聰
著名靈異電台節目主持

通靈港女的陰陽眼實錄

與貓貓的相遇，始於2019春夏之際。那時因著朋友的臉書PO文，我被勾動了神經，雖鬼怪主題不是我主力發展的路線，但卻是我私下極愛的題材，總愛探究生死靈異、愛看鬼片、愛追marvel版，最後竟也追到了一本通靈港女的陰陽眼實錄。

貓貓的鬼故事，不只是讓人寒毛直豎的靈異，更多的是纏繞其中的故事，讓人牽引其中，雖靈魅駭人，但終究是人的不同階段，生與死之間，靈與靈之間仍有太多未解之謎，我們有幸透過貓貓之眼窺見一角，各位讀者讀來不論是滿足好奇心，或是追求刺激，必定能在驚嚇之餘留下善惡生死的啟發。

我在貓貓上一本著作台灣版《見鬼之後》的封面寫下了這樣的文案：「她的眼，見人所不能見，見過病重離世者的哀愁，見過意外身亡者的無依，見過早夭嬰靈的一念執著……見過無奇不有的人間地獄，也見過善心未滅的鬼域天堂。」然而「最可怕的永遠不是鬼」。

林巧涵
台灣時報出版小時光線主編

一而再序

陶貓以筆墨寄心聲，出了一冊啟航版，之後反應有目共睹。如今再接再厲，第二本的內容完全不同，唯一重複是找我寫序。

這一年間，大家可以問問陶貓，問她可否見到現在我們的家園已經進入靈異幻境？

以我看出，如今既有狼犬霸凌百獸，餓鬼血戰嬰靈。全城盡佈催淚氣，坑渠染滿藍毒水，攪到蛇虫貓狗也遭殃，環境大染污更何況係人？

在疫症氾濫期間看陶貓的書，正一陰上加陰，消暑之餘也要份外小心，不過小心至極時也無需帶眼罩，閱讀前後去洗手也無濟於事。

關於靈異題材的書，古已有之，但很多看後容影煙雲散，少有留存價值。能令人留下深刻印象的，大部份人都推許蒲松齡的《聊齋誌異》，而我獨愛紀曉嵐的《閱微草堂筆記》，此書最大特色是靈異得來有王朝風範，天南地北的古怪題材皆有涉獵，而且性格使然，不真不實的靈異事跡不記。而且紀公自身也有不少靈異，但絕不妖言惑眾，看紀公的鬼書不會氣虛體弱。

陶貓本身太多靈經驗早被弄至氣虛體弱，嘗試用隨筆將體驗化書，藉此

斷捨離。

看過上一本結集的朋友，會發現今次陶貓發功力了。是次文章歸納主題清晰，而且應對當下的光怪陸離，文字表達也強了。

在今年能出版的書，意義深遠，大家好好珍重…

不過我呢，無三不成品，我要叮囑陶貓快點落筆去寫新一本書集了。

林紀陶
電影編劇、影評人、網台節目「神秘之夜」主持人

聽別人故事反知自己

又一年

一年，可以無分別，可以生離死別；而貓貓相隔一年，再出新書。

回望過去一年，可以千言萬語，可以無言以對，但仍然萬千滋味在心頭。

就這一年，歷劫幾許，人面全非，這也不細表了。

期待來年，貓貓出第三本書的時候，世界柳暗花明，願大家自由地呼吸空氣。

有時，活著已經是恩典；聽到別人的故事，就知道自己仍然擁有多少。

因葵
著名填詞人
草於庚子晚春

對靈界有更透徹的了解

記得起初我還未認識貓貓的時候， 只聽說一位我們的一位朋友Gary 不時提及， 起初還滿帶質疑「通靈喎係咪咁勁呀？」

後來因為一個飯聚而認識了貓貓， 經反覆傾談了解後， 發現他對靈界的了解透徹， 而且對於鬼靈的接收力甚強。 可能由於貓貓心太善良， 時常幫助可憐的鬼靈， 雖然有時也會被鬼靈利用但仍然堅持慈悲，令我非常欣賞。

我相信貓貓的鬼故事並不是一兩套書就能夠寫完。她的經歷每天都在更新，我相信她的著作會為廣大讀者帶來對於靈界更透徹的了解。

珈名師傅
橋佛舍

人界，鬼界，哪一方可怕？

我所認識的貓貓是平凡女子。像是每天在街上我們都隨時擦身而過的普通人。我們如何認識？又是一個的故事，大家都很喜愛對方的網台節目，因而成為很好的朋友。他從來沒有告知其他人他有陰陽眼，只有幾個相熟的朋友知他天生的煩惱。沒有高調地嚇人，只有低調地生活。我一直思考他眼中的世界是怎樣？

一個有擁有與生俱來的能力，令他看到同我們不一樣的異世界。真實和虛幻已經分不開既空間。我們眼中空無一人的街道，貓貓的眼中卻是熱鬧非常，各種存在不同時代的靈界朋友共同存在於異界，繼續有喜怒哀樂。記憶已散失，只有怨念令他們繼續存在於世上。永劫輪迴，時間對於異界來説，已經沒有意義。

貓貓第二本書終於在風雨飄搖的時代完成。人界，鬼界究竟是哪一方可怕？ 相信各讀者心裡有數。

Gary Kwan 關加利
Our radio 節目「無奇不有」及「音樂次文化」主持
《深層揭密　神秘學事典》作者

貓的對話

We Hate it when 貓貓 become successful.

「力力！」

「威威，想怎樣？打架？」

「不是，你記得前陣子來我們家玩，那個叫貓貓的姐姐？」

「媽的！當然記得，那個婆娘，明明長得人模人樣，硬要叫自己做貓貓，好像要跟我們拉關係似的。什麼來我們家玩，是她來給我玩。」

「你又不要這樣說人家，人家還是少女。」

「少女？威威雖然你眼睛不大好，但不至於這樣吧，你告訴我她哪長得像貓？有沒有我們的鬍子？有沒有像我這樣多毛？又不像我們那樣用四隻腳走路。還戴一副大眼鏡，弄個帽子，就在那邊裝可愛。說到可愛，我力力是第二，誰還敢說自己是第一？」

「你當我威威是豬？我也很可愛。上回她來我們家，我給她抱著抱著就睡著，在她懷抱中多溫暖。」

「你還好意思說，給人摸兩摸，就什麼都給人，我還是有矜持的。」

「你還在裝，人家說你長得帥，就主動投懷送抱。」

「你這樣說就不對，我還是要付出的。」

「付出個屁！我聽說她有一個特別的癖好。」

「什麼來的？」

「這個貓貓，很愛聞我們的體味，說我們身上的香氣好像人類的嬰兒。」

「我當然是香的，你就不能保證，但這樣是不是有點變態？幹！你幹嘛提起那個婆娘？」

「都跟你說人家是少女。」

「對！少女！有什麼事呢？」

「聽說她要出第二本書。」

「什麼，她會寫字？我以為貓都不會寫字，那她寫什麼？」

「原來她有一種平常人沒有的能力。」

「什麼能力？」

「能看到另一個空間的東西，就是人類說的神鬼之類的事，書好像是寫她的經歷。」

「真的？這麼厲害？還以為她只有哄我們睡覺的能力。」

「這已是她第二本著作，出版第一本時，我們還沒出生！」

「這麼厲害！」

「對呀！不能少看這位姐姐。」

「關我屄事，我字又不懂半個，平常只是看電視，不要我說你，你跟我不是一樣，最愛看Animal Planet電視頻道。」

「但是，我聽到那個貓貓姐姐很火的，不單是作家，還是什麼網路電台主持人，很多節目都找她上去，真的不得了。」

「她這麼成功，有沒有提供糧食給我們？」

「你現在很餓嗎？這麼愛吃，平常已經常常把我的份也吃掉。」

「那是你的問題，你自己吃得慢，吃一吃又跑去上廁所，不吃白不吃。」

「你現在想怎樣？」

「那你又想怎樣？」

「不要以為我不敢打你。」

「來呀，來打我，怕你。」

「幹！你為什麼咬我屌！」

「不能咬？我偏要咬，還要咬你蛋蛋。」

「哎喲！好痛！喵！媽媽！威威欺負我！媽媽！」

以上是力力與威威的對話。

Cello 筆錄，不要奇怪 Cello也是個異能人。

力力與威威 著名搗蛋喵星人。

Cello Kan
著名唱片監製
Our radio 節目「Behind the Glass」主持人

我的第一次⋯書序

　　老實講，從來無諗過有人搵我寫書序，小弟胸中墨水不多緊夠糊口，但陶貓貓叫到二話不說便一口答應。

不經不覺，認識貓貓已經十多年頭，目睹她人生、事業、感情十多年間大起大落，百般交集，故常勸告貓貓「戒急用忍」，同樣亦是本人的座右銘。做設計師、化妝師，同樣需要創意，但貓貓的親身經歷不是創作，是有血有淚的自身故事。

點解我會知？因為由相識至今貓貓親述過不少靈異事件，有驚嚇也有搞笑，有恐怖也有悲哀，但當了解每件事情底蘊後不禁嘅嘆有時靈界百態實在比人間更有「人」情味。引用2012年車公簽文「何為邪鬼何為神，神鬼如何兩不分，但管信邪修正外，何愁天地不知聞」當時車公已預言了今天香港，令人不勝唏噓。

如今貓貓轉戰文壇，上次《鬼域貓瞳》小試牛刀，道出靈異初體驗，今次《鬼哭神怒》再下一城，喜見貓貓文筆又進一步，作為她「哎吔」阿哥可說老懷安慰⋯⋯哈哈。（備註：打鐵趁熱，趕快完成第三本吧！）

阿標
花冧電台節目「電影誘讀」主持

明夷之既濟

贈再度出書的貓貓一卦——「明夷之既濟」：「明夷六五，箕子之明夷，利貞。」

作為「被篩選到的一份子」，游走於「晦澀之域」，既有「雙面刃」的非常能力，就要心存正定而不息之「火」，與「水」共濟。

元亨利貞，出書大吉。

PS: 非常感謝貓貓讓一個資深宅男，有機會出來見下世面，體會不一樣的人生。

Wells（結緣於2012年的「真是經典神秘學課程」的同學）
花冧電台節目「電影誘讀」主持

鬼執

文學、電影、動漫經常描繪：鬼，往往是有執念的，對親人的不捨、對情人的留戀、對離世的不忿、對塵世的難離，執念過深，更易成怨念，驚擾世人。從貓貓眼中，我們更見到靈體意想不到的執迷，小至對衣服鞋履的情結，大至對城市鄉土的理念，簡直無所不執。用某些宗教的說法，這倒是理所當然，若靈體能破除執念，早早就往生了，還留在塵世難道要跟陽光玩遊戲麼。

陶貓貓的故事很平實，沒有加鹽加醋，因為對作者來說這是她字字驚心的真實剖白，或許該說是靈界目擊的「證供」，如果陰間真有法庭，可以拿來當呈堂證據吧。正因其真，我們除可見到靈體之執，同樣可以見到作者之「執」，例如在上一集《鬼域貓瞳》中的可憐古曼童，今集《鬼哭神怒》中便記述了它們的下場結局；對一些故人，她更意圖盡她其實不必肩負的責任（又或許因緣之所在，也輪不到她肩負不肩負）。當然，若作者完全擺脫了這種「執」，也許早早就用盡一切辦法無所不用其極地把陰陽眼封了，就算封不了，也會竭盡所能在日常生活中對另一個世界的所見所聞採取不知道、不承認、不提及的三不策略，像某些人般裝作不知道城市的墮落，繼續歲月靜好醉生夢死地活下去，更遑論著書立說，把經歷細

緻地記述下來，我們也不會讀得到這部作品。

我衷心希望著書能成為作者某程度上的抒發和釋放，而不是加劇其困擾（從貓貓身邊友人多鼓勵她繼續寫下去，相信對她來說是有益處的）。對於讀者來說，這種不可多得的真實靈界目擊檔案，也是彌足珍貴的。

列宇翔
《異界默示錄 超常傳說解密》、《妖獸都市傳說》、《屍人檔案》作者
YouTube節目「異界默示錄」主講者

目錄

CH1 執迷

CH2 靈緣

CH3 罪孽

後記

執迷

Case 1

油畫

　　2020年2月7日，網台靈異節目主持人潘紹聰先生致電給我，說他們會於該晚返回舊辦公室，問我可不可以看看以前存在於後樓梯的靈體「樓梯哥」是否還在。

　　他們的舊辦公室樓層某個單位，在幾年前發生過一宗自殺案，男死者利用繩索把自己上吊，被發現時已經魂歸天國。自此之後，後多人都見過它在後樓梯出現。

　　有一次我應邀到訪上節目，因為他們的辦公室在走廊的盡頭，所以我一定要經過那後樓梯，我見到它垂下頭，幽幽的站在後樓梯的門外，沒有其他多餘的動作，只是站着，頸部還仍然纏着一條紅色的繩子。我輕輕把朋友拉開，以免打擾到它。

　　言歸正傳，那晚潘先生把他們在舊辦公室外拍的影片給了我看，那「樓梯哥」仍在，只是不知道什麼原因，躲進後樓梯的水管旁邊。

　　當我以為潘先生拜託我幫忙看看的事已經做完，誰不知他們還有拍到舊辦公室的門外，有二位老伯的靈體，一個穿整齊新淨的灰色唐裝衫褲；另一位則身穿白色短上衣和長

褲，它們目無表情地在門外左右兩邊站着，我不知道它們為什麼會在那裏，之前並沒有見過它們。

最令人心寒的，是我居然看見他們的舊辦公室內有一個女靈體在哭泣！　它只有一邊臉，而且奇怪地它並沒有「人類」的特質，我感覺它就像一幅油畫內的人物！

「妳為什麼會被困在這裏？有什麼可以幫到妳？」好奇心驅使下，我決定跟它交感。

回應的聲音非常實在，而非空洞，感覺好像跟一個人在隔著一扇門在談話：「我原本依附在一幅畫內，他們把我從那幅畫中趕了出來，可是搬走後，卻不把我帶走……」

「一幅畫？什麼一幅畫？妳可以再說清楚一點嗎？」我追問它。

「有位女生畫了一幅畫，我依附了上去，是她帶我上來，但又把我趕出來，又沒有把我帶走……」它幽幽的說。

「那要我替妳找師傅把妳帶走嗎？」我提議，因為潘先

生認識很多法科師傅，想必定有人可以幫到它。

「不！我什麼地方也不想去，我只要返回那幅畫！」它
堅持。

那麼我也沒有辦法，只好如實跟潘先生說。他告知我，
原來不久之前他想弄一個靈異博物館之類的地方，所以公開
向聽眾收集一些依附有靈體的物件。而他有一位女聽眾，她
聲稱畫完一幅只有半邊臉的女性油畫之後（並替那幅油畫起
了一個名字：面面），家裏就不停有怪事發生，連自己的運
程也變差，所以把它送到潘先生的辦公室，及後因某些原
因，靈異博物館開不成，臨退回那油畫給該女聽眾前，就先
把那依附在內的靈體請了出來。

真相大白，原來它不願意離開那幅畫。

直到現在，我仍不知道是否有高人幫得到它，畢竟單位
已經退租，想再入內做點事是有困難的，而且畫的主人也未
必希望它重新依附在自己畫的畫內！

Case 2

土地公

　　我一直反對人們隨便在香蠋店內，買那些土地牌或家神主牌位回家供奉，因為沒有經過靈能者開光，這很容易出問題。

　　A是我一位常常見面的朋友，由於他父親年事已高，經常有些老人病出現，媽媽因為太擔心，道聽塗說地買了一個土地牌回家。

　　眾所皆知，土地公應安放在大門外，目的是阻止遊魂進屋，但她居然放在家中的飯廳。

　　怪事就由安放土地公開始發生。

　　首先，是家裡無故失火，整個廚房燒掉；重新裝修後又水管爆裂，弄到全屋淹水；接著屋子裡的木地板出現白蟻，需要把全房子的地板全換，這樣好幾個月下來，讓他們疲於奔命。

　　但這些都只是前菜。

　　有一晚半夜，他父親上洗手間，發現有人正在冼澡，於

是折返客廳坐著等待，不一會，A也因為內急，起床上洗手間，冷不防碰到老父：「爸，這麼晚為什麼還坐著？」

「我想去洗手間，但不知道你們誰在洗澡。」父親一副很急的樣子。

「哪有人用洗手間？妹妹和媽媽已經睡了……」他輕輕打開妹妹的房門，見她睡得香甜；再看看父母的房間，母親也沉沉地睡著。

這時，他想到鬼怪這回事。

雖然有點怕，但還是大起膽子走到洗手間拍門，門給推開了，裡面空無一人，但花灑正開著，更被推至最熱，弄到洗手間煙霧瀰漫。

結果要花了些時間，才能進去關掉花灑：「爸，可能你搞錯了，洗手間內沒人！你趕快去吧！」

「到底發生什麼事？」A的心一直滴沽滴沽。

有一天，媽媽正想進廚房，突然有人從後推她使她向前跌倒，同時也把正在煲湯的煲也推掉在地上，不幸中之大幸只是燙傷小腿，塗些燙火膏就無大礙。

而妹妹，每晚也做着同一個惡夢，有一個女人強硬地，逼進她身體裡面；而公司生意一下子無故下滑，弄得她心神恍惚。

至於A，也好不到那裡，每晚電腦工作時，總感覺到有雙眼睛在背後盯著他；而且每晚也都在做春夢，據他所說：苦不堪言。

我當然不懂他受那種苦（一笑）。

漸漸我發現一件怪事，每次打電話到他家，背景總是很嘈雜，好幾次還聽到有把女聲在他旁邊，催促他掛線。一天我忍不住問他，他覺得非常驚訝。

「你家有鬼，我就確定，問題是什麼時候招惹回來，和它們究竟想怎樣……」我跟幾個朋友在一次飯局中，一起分析事件。

「讓我想想……」他陷入沉思中。

「應該是從我媽安放土地後……怪事就一直發生！」

我問他那土地是從什麼地方供請回來？

「那不算是供請，是我媽從香燭店買回來。」他說。

「那事情大了，沒經過儀式，土地公就不會到位，但你們又不理照樣上香，吸引了一些遊魂野鬼到你家；再來，土地公應該放在大門外，沒有人會放進屋子裡的。」我解釋。

A想了一會：「那我回家叫我媽，把那土地送走吧！」

過了約一個月，「我爸大病進了醫院；我媽生蛇；我妹妹得了抑鬱症；我無故得了濕疹，全家都不得安寧……我快瘋了。」A哭著説。

一個大男生哭的話，我想壓力真的頗大。

「有沒有把那土地送走？」我問。

「沒有，我媽好像給那土地迷住，我一説要送走它，我媽立即發狂似的抱著那土地……」A説。

「妳能幫我做傳譯嗎？我今晚想上去A的家裡看看！事情已經鬧大了！」

其中一位懂六壬的B師兄想幫忙，因為我能跟靈體溝通，所以希望我能幫忙。

當晚十一時左右，我們一行人操上到A的家。

大門一開，天呀！

四百尺的房子，塞滿了靈體。情景非常震撼，嚇得我要死，馬上告知B師兄我所看到。

「你家的地主沒有經過開光請神就位，現在土地牌已被靈體霸佔，非清走不可！而聽你所說，你媽媽好像被迷惑了，所以她也要清完再封身……」B師兄説。

「如何清走？」 我問。

「清走那土地牌是必要的……」

B師兄還未說完，A已經提出反對，因為他之前試過提出把那土地牌丟掉，結果他媽媽像瘋了似的，拼命護住那土地牌，A不想再刺激他媽媽……

「待你媽去上班，我們把舊的丟掉，再放回一個已開光的在門外，不就可以了嗎？」我提議。

他們齊聲說好，但又有另一道難題，就是A的媽媽已經被靈體迷住，如何說服她去清身。

「別想太多，做完之後再想辦法！」B師兄說。

那天晚上，在A的媽媽上班後，我們就上了他的家辦事，過程非常順利，我們把舊的地主清走，再請已開光的地主就位，再超度那些路過暫住的靈體。當以為所有事情都妥當的時候，我看到有一個女靈體由A的房間走出來，目露兇光：「我是不會走的，我喜歡那個男的！」它指向A。

我把此話告訴B師兄，A嚇得顫抖起來：「我不想死，你

們要幫我！」

這一晚我就充當一位傳遞訊息的小兵，對我來說是一個新的體驗，之前從沒有試過。糾纏了三十分鐘，B師兄要說「把你打散」這句話才教那女靈體願意跟B師兄回去道壇。

一宿無話。

A喘着氣致電給我：「不得了，我媽像失常把那土地搬回去房子！發瘋似的罵我換了另一土地牌！」

A媽媽從何得知，我們換了另一個土地牌？

「你們快點來！我快控制不了這場面！」

馬上致電B師兄，一起出發到A的家，一進大門，已經看到另一個女靈體依附在A媽媽的身邊，然後對我説：「我好不容易才找到落腳點，為什麼要趕絕我？」

因為A媽媽每天定時上香，去供奉一個沒有神坐陣的土地牌，遊魂看到了，不用到處去，就依附在A的家。

　　經過了約四十分鐘的溝通，但它始終抵死不從，B師兄無奈下，就只把好它收進一隻雞蛋內，再帶回神壇好好教化。

　　過程真的很神奇，我親眼目睹那女靈體，突然由實體，轉化成一縷煙，再被吸進雞蛋內，情況詭異。

　　A媽媽清醒過後，對剛才發生的事像電影斷片一樣，忘記得一乾二淨，我們把事情告訴她，她露出驚嚇的表情。

　　自此，A家的土地就安放在大門外，雖然怪事沒有再發生，但一家人的運氣就差到不得了。

迷你倉

因為家裡有太多甚有紀念性的東西，所以我在屋苑附近租了一個迷你倉放置它們。但我從來沒想到這些迷你倉居然會有人放置一些怪異的東西。

先聲明，我不能肯定倉內究竟放了些什麼，我只是寫出我所看見的，其他就等大家自行想像好了。

其實我懷疑其中有兩個倉內，放置了一些奇怪東西。

有一個倉是一個神壇，內裏放有幾個大的泰國佛像和無數的小佛牌。我曾經見到有類似泰國師傅的人在打坐和對着那些小佛牌燒香及唸經。有一次我到倉裏放東西，一入大門就見到很多小朋友在跑來跑去，正當我疑惑為什麼會有那麼多的小朋友的時候，我就看見有些小孩穿過該倉的大門，那我就知道它們全都是靈體！

「姐姐，我們很餓！可以給我一點吃的嗎？」有一堆小朋友在拉着我的衣服說，狀甚可憐。

因為有接觸小孩靈體的經驗，所以就答應它們：「好好好，我現在去買些吃的給你們！」然後就跑去附近的超級市

場，買了一些餅乾、糖果和鮮奶回去。

再返回倉，它們真的在等着我，我把食物全部打開放在地上，它們見到之後，就一窩蜂去去搶着吃，場面讓人心酸。

我去查問接待處職員，那個倉的倉主究竟有多久沒有回來，她查一查電腦，說：「已經有三個多月沒回過來了，有事嗎？」

怪不得那些孩子靈體會如此飢餓！究竟那個倉是不是專門放泰國古曼童？這個，我不知道。

至於另一個倉就更奇怪，我每次經過都會見到一個老婆婆坐在該倉的門口，一身壽衣裝扮，一看便知它是靈體！我知道它對我沒有惡意，於是有一次我就上前問它：「婆婆，為什麼妳會在這裏呢？」

「噢！妳見到我嗎？對不起讓妳看見了！沒有嚇怕吧！我也很久沒有跟人閒談，我是住在這裏的啊！我兒子帶我來這裏的！」它娓娓道來。

它的答覆令我感到非常驚訝！不會吧？哪有人會把先人的骨灰罈放在迷你倉？簡直不敢相信！

至於另外有些倉，我知道是放置先人遺物，因為我曾經有一次，路過一個倉，倉的門口貼了一張我看不懂的字條，但也不像符咒，我真的不知道是什麼！於是我好奇的貼近去看看，突然有一把老伯的聲音，非常凶惡的對我說：「看什麼？想偷我的東西嗎？快走！」當然，我的四周並沒有其他人。

你們覺得迷你倉還會放置什麼奇怪東西嗎？

Q：你偶爾會請小鬼吃零食，這需要做什麼「儀式」嗎？還是只拋給它們便可？吃完後零食還在嗎？

A：沒有特別儀式，放下便可！吃完之後……通常都還在！

短訊

　　我以往一直都光顧一家化妝品牌的專門店，因她們的服務態度很好，我又是VIP會員，每有新產品推出，她們都會第一時間發短訊通知我。而且其中一位售貨B，我對她很滿意和喜歡她，每次到該品牌的店，我都會找她服務我。

　　打從大陸的經濟開放，肯花錢的人多了，而且多了內地自由行的關係，服務一個大陸人等如要服務三數個香港人才有相對應的佣金，所以，她們對香港人的熱情和服務態度已經不大如前，因此我也沒有怎麼再去光顧。

　　可是隨著香港的雨傘運動之後，加上大陸實施打貪腐，明顯地少了大陸人來香港消費，令以往依賴大陸人消費的品牌都紛紛把重心轉移，重回服務本土人。

　　有一個深夜，我收到一個短訊，竟然是B，她已經很久沒有發短訊給我了！

　　她首先向我問好，然後告訴我公司將有新產品推出。我沒有回覆她，因為我仍然生氣：「沒有生意才找我嗎？我才不理妳！」

自此，我差不多每隔一晚就會收到她的短訊，當然我仍然沒有回覆她。可是過了大約一個月，她仍然有發短訊給我，但已經不是通知我有新產品，而是告訴我她的私事。

我認真的看了，內容大致是自己有病、丈夫提出離婚、很擔心兒子等等。我看過後不忍心，於是回覆並鼓勵她凡事向前看。

她回覆說感激我，跟著，我們就用短訊像朋友般聊了起來。只是有些奇怪，她每次找我也是深夜，就算我早上醒來回她，她也是等到深夜才回我。

「可能下班晚了！」我對自己說。

「出來吃飯再談吧！午餐或晚餐也可以！」我提議。

「我很忙，對不起！」她回應。

開始讓我奇怪的是，她從來不留口訊給我，打電話也不會接，為什麼呢？這引起我的好奇心。

終於有一晚，我再提出到店舖去找她，因為化妝品用完了，既然她再次找回我，也應該再次去光顧她。

「不用了，我已經沒有在那個品牌的店上班，妳千萬不要來！」她再次回覆。

「那不要緊，妳現在在哪個品牌的店上班？我可以去光顧妳！」之後……自此之後，她一直再沒有回應我了！

半年過去，我漸漸已經忘了這件事。

那天，我約了朋友去某商場喝下午茶，想起我的化妝品已經用完，剛巧B以前上班的店也在該商場，於是燃起我的好奇心，決定去查問她的舊同事。

「請問B現正去了哪個品牌的店？我想找她啊！」我進店去查問那三個百無聊賴的售貨員。

「啊！B嘛……她上年的年底走了！」其中一位售貨員對我說。

「我知道她走了，所以我想問妳們知不知道她去了哪個品牌的店，我想找她呢！」我再確定自己的來意。

「小姐，我意思是B在上年的年底已經過身了，是癌症啊！」那售貨員認真的說。

我聽到後呆若木雞！太不可思議了！

我們的短訊對話至今我仍保存着。

Case 5

禮物

　　我從不介意穿二手衣物，只要新淨美觀和有消毒就可，當今世界最有名氣，最值得信賴的二手店，就只有在英國和日本，故我經常飛去當地尋找心頭好。至於香港的……就算了！

　　有一年我要到汕頭出差驗貨。晚上工廠的老闆劉先生請大家去吃潮州菜，很是美味。「妳穿什麼碼的外套？」劉先生突然問我。以為有些外套貨辦給我，於是我回應：「38碼或中碼我也可以穿得到！」

　　第二天晚上，飯後我們就回飯店休息。門鈴忽然響起，是劉先生。「有一件外套送給妳，全新的，我妹妹還沒穿過！」

　　他向我遞上一個黑色紙袋，內有一個黑色大盒……噢！是一件名牌外套，還是我喜愛的品牌。

　　「太重禮了，我不能收的！」

　　「沒關係，反正現正她已經穿不上了。」在一輪你推我讓下，我收了那份「禮物」。

　　把盒子從紙袋中拿出來，打開一看，是一件該品牌的「簽

名式」粉紅色外套，試穿上身，喜歡到不行，吊牌還未剪呢！

過了幾天，就帶著這份「禮物」回香港。

對於衣服，我有一個習慣，比較便宜的，我會掛在衣櫃的左手邊的一格；比較貴的，會放在衣櫃裡右手邊的一格。由於回港後比較忙，所以並沒有立刻把那外套掛起，在個多星期後，我才有時間整理自己的衣物。

由於較貴的衣服，已經塞滿衣櫃，心想是時候收拾執一些出來拿去做義賣，所以我把那件外套暫時掛在另一邊衣櫃。

一宿無話。

第二天起床，嚇然發現我的平價衣服散落一地，只有那件外套原封不動的掛在衣櫃內！原以為是妹妹找我的衣服穿，不小心所致，為免不必要的爭執，只好默默把掉下散落的衣服掛好。

放工回家，一打開房門，又是平價的衣服散落一地！但妹妹還未回家；媽媽也不會無故去弄我的衣服，究竟是什麼一回事呢？

這怪異事故重複了約一星期。忽發奇想，如果我把那件外套掛在貴價衣服的一邊，會是什麼樣呢？

第二天醒來，衣服並沒有散滿一地，直覺是那件外套作怪。

這天晚上，正睡得香甜，突然感覺到有人坐在床邊，輕輕手地掃我的頭髮。把我弄醒，是一位高貴的中年女士，身穿黑色名牌外套和裙子，還有一串該品牌的「簽名式」珍珠頸鍊！

這突然的出現，嚇得我整個人彈了起床，但環顧四周，都見不到那位女士！

起床後，發現天氣涼了很多，於是我就穿上那件外套上班。很奇怪地上午總是給上司和同事無故地向我指罵，令我整個上午總是帶著不爽的心情工作。不知是否氣上心頭，身體熱了起來，於是把外套脫下，說也奇怪，我下午不但沒有被針對之外，之前罵我的人都向我道歉，並送上我喜歡的甜點做下午茶！

　　我帶著疑惑的心情回家。也是一樣，晚上好夢正酣，那位女士又再把我弄醒，但今次它實實在在的坐在我床邊，一把非常優雅的聲音：「很好，我哥哥沒有送錯那件外套給妳……」

　　雖然我不害怕靈體，但一人一鬼共處一室，而且還坐在我的旁邊，心情難免緊張起來。

　　「既然這件衣服是妳的，我該如何送回給妳？」我有一點心怯。

　　她繼續優雅地說：「不用了，我知妳會好好珍惜，外套我本來是留待聖誕節穿著，可是我等不到，因此我也希望妳留待在聖誕節時穿它！」

　　我答應了她。

　　打電話給劉先生查問外套的來歷，他說：「是我妹妹的，她因癌症走了，我見她的外套還未剪牌，推想是全新未拆封的，所以我才送給妳，不要浪費嘛！」

　　真相大白。

時間過得很快，聖誕節來了。其間買了一件新的外套……我忘了跟她的約定！

那晚她又來了，幽幽的對我說：「妳忘了我倆的約定！」

我猛然想起曾答應過她聖誕節要穿她的那件外套！

「對不起！給我一次機會吧！我明天補穿！」我躺在床上動彈不得。

「好！別再爽約了！」說畢她馬上消失，而我亦可以動起來，馬上去找筆和便利貼，寫下聖誕節要穿她的那件外套，然後貼在衣櫃上。

一年又過去，聖誕節來了，我一定記起要穿上她的外套……

Q：貓貓你家中不是有結界嗎？何以從故事中，仍不時見到靈體跑進家中？

A：結界不夠力！

Case 6

我並沒有因為那件名牌外套而放棄去買中古衣服。

話說我很喜歡日本的和服，平常用來當作外套，配襯破舊的牛仔褲和T恤（對，我愛古靈精怪的打扮！），非常帥氣！我已經擁有三件，每件都愛不釋手。

和服是日本自幕府時代起，對其本土衣裝的稱呼。現代日本和服可分為皇室服制和國民服制。國民服制是1941年文部省制定《國民禮法要項》中的國民禮服，德川家康時期正式稱為和服，又被稱為武家着物，包括平民男子禮服紋付羽織袴、帷子和女子長着等。而皇室服制源自奈良時代中期以來日本本土彌生服飾受漢唐漢服、吳服影響的公家服制的考證，又被稱為公家着物。「着物」起初泛指衣服，隨着洋服（ようふく）進入日本，日本國學運動興起，本土傳統着物逐漸改稱「和服」。

某一年的冬天，我到東京旅行，順道到二手衣物店看看有沒有機會找到心頭好。相熟的店員給我一個詭異的笑容：「新貨到著！」。說畢就領我到店內其中的一排衣架：「全是古董啊！妳慢慢挑。」

「是同一批的嗎？」心想如此漂亮的和服，一定是來自富貴人家。

「是啊！全都是出自同一戶人家！」店員說。

噢～有平實的、有高雅的、有刺繡的⋯⋯應有盡有，我看得心花怒放。我左挑右選已經花了近一個小時，終於找到一件心頭好：一件青綠色，繡了美麗的孔雀，配置白色的領子，但看看價錢牌，不得了，我可以買件名牌外套！

「因為是古著，所以價格會貴一點，但我敢說每款都只有一件！賣掉就沒有第二件！」店員認真的對我說。

左右腦在交戰⋯⋯終於投降，拿出信用卡！我從未買過一件如此貴的衣服！

「我一年內也不會再來！不會買其他衣服！」我苦笑著對店員說。

識途老馬都知道，日本的中古衣物店，所有貨品都會消毒清潔後才會賣給客人，當然客人還不放心的話，可以自行

再乾洗衣物一次，我倒沒有這個習慣，因為我相信日本人的執著。

第二天，我穿上這件古董和服到附近的「乃木神社」去參拜，順道把舊的御神札交回神社，再買一個新的帶回家。

有關乃木神社的由來，眾說紛紜，比較可信的是在1912年7月30日，明治天皇駕崩，翌年9月13日，乃木將軍（希典）先把乃木夫人（靜子）殺掉，再自行切腹殉死。當時，不少民眾前往悼念，原本該處叫作幽靈坂，後來在他們的葬禮舉辦的同時，該處更名為乃木坂。時任東京市長牽頭成立了中央乃木會，在乃木將軍的府邸內建立了一座小神社來祭祀兩人。

1919年，乃木神社的設立獲批，中央乃木會以購入了部分木戶幸一府邸等土地，在明治神宮建成後開始興建乃木神社，設計者為大江新太郎，最終1923年11月1日舉行鎮座祭，皇太子裕仁親王在同日向神社下賜了御菓子。

同年11月3日，秩父宮雍仁親王和閑院宮春仁王參拜了神社。翌年，神社列為府社。1933年的鎮座10年祭和1943年鎮

座的20年祭時，昭和天皇向神社下賜了御菓子。1945年，神社在東京大轟炸中焚毀，1962年時重建，由大江新太郎之子大江宏設計。同年，神社勸請了王子稻荷神社。

　　1963年1月22日，神社從萩市的松陰神社勸請了正松神社。1964年9月24日，位於北海道函館市的乃木神社以「東京乃木神社函館分社」的名義寄進，成為神社的分社。1968年，乃木會館建成。1983年，神社的社務所、寶物殿、儀式殿和武道場建成。

　　當我參拜完畢後，坐在附近找石凳子上看看剛求的籤文。正當我抬頭想鬆一鬆頸部的時候，看到一位女士，她穿上整齊的和服，配合誇張的日式髮型，活像日本大河劇的女主角！我覺得這位女士的臉很熟，但又說不出究竟在哪裡見過她，突然間，只是一眨眼，她在我面前消失了，我馬上意會到她是一個靈體，一個古代人的靈體！

　　眾所周知，日本的神社是有墓地的，我不想理會太多事，於是我離開神社，去找拉麵吃。我一直在想那位女士究竟是誰？因為我肯定見過她，問題在於在哪裡見過。

既然想不到就不想吧！我愉快地繼續餘下的行程。

回到香港，某一個深夜，突然感到肚子餓，於是去廚房弄點吃的。在等水滾的時候，無聊望出窗外，突然又見到那位女士站在我的前面（大約距離二個車位吧！）又是眨眼之間消失了！

「不是從日本跟著我回香港吧？」我心想。

抽著菸在想，究竟發生什麼事？我摸不著頭腦。但一瞬間，我的腦袋像被雷劈了一下，我想起了⋯⋯是乃木將軍的妻子乃木夫人！我馬上上網找尋她的資料，是的，那靈體就是乃木夫人！

乃木靜子，是乃木將軍（希典）之妻。幼名湯地志知，父親湯地定之為醫師，明治六年（1873）14歲時進入東京府麴町女學校就讀。明治三十七年（1904），乃木的次子保典和長子勝典先後死於戰爭，為國捐驅。1912年明治天皇大葬，乃木希典殺死妻子之後切腹自殺，夫婦同為天皇殉節。

自那晚起，直到現在，我再沒有見過她。

想起那件和服，是跟乃木夫人有關嗎？

這，我……不知道。

Q：經過這一次，你還敢買二手服飾嗎？

A：到東京還是會忍不住買！

Case 7

我很喜歡穿球鞋，家裏不下數十雙，只痛恨自己「鞋太多，腳太少！」

但誰會想到，只是因為一雙心頭好，也會招惹上靈體！

某天，我去某大型商場閒逛，在某球鞋品牌的店內被一雙球鞋吸引，它是一對黑色、印有櫻花圖案、而且還是日本製的球鞋，我眼睛閃出了亮光。

以我穿球鞋的經驗，日本製的比中國製的舒適，而且比較耐穿，最重要的穿上它的外觀設計很漂亮，在外出時，很少機會遇到跟別人穿一式一樣的尷尬場面。

「請問有我的尺碼嗎？」我拿起那雙球鞋，滿心歡喜地向那彬彬有禮的男售貨員查詢。

「好的，我進倉庫看看，請稍等一下。」然後他就轉身進去。

過了數分鐘，他從倉庫走出來：「小姐，對不起，這對鞋已經沒有妳的尺碼，我也查過其他分店，也沒有！」

聽到這個回覆，簡直失望到極點！

正想離開，忽然有另一位男售貨員，氣沖沖地由倉庫跑出來，手裏還提着一個鞋盒，向那服務我的售貨員道：「找到了，是之前有一位客人預留的，可是她已經兩星期沒有來取了，打電話通知，又停了號，你也知道公司的規矩！客人預留商品只可以留一星期，你的客人還要嗎？」

皇天不負有心人，念念不忘必有回響，這正是人生的大道理。

馬上試穿，那鞋子的合腳程度，根本就是像為我而訂製似的！不得不馬上把它帶回家。

滿心歡喜地走出店的門口……怎麼怪怪的？

總覺得整天被人跟蹤似的，感覺超不爽！那個裝球鞋的紙袋的繩子，在很短時間中，從鞋店到商場門口，已斷了三次，其間我還折返店內更換另一個紙袋，但情況還是一樣！那只能抱着那袋球鞋，那紙袋的質量確實令我差點兒瘋掉！

「今晚就穿你去跑步吧！」我抱着那袋鞋子在車上自言自語。

晚上，我穿上那對新的球鞋去跑步，感覺自己變得像跑步高手！但當一出大門，就發現有一個短頭髮，身穿白色套裝裙的女生呆站在我家門前，眼神極不友善，好像要罵我似的。

當然我知道它是一個靈體，只是不知道它從哪裏來，為什麼要用如此憤怒的眼神看着我！經一事長一智，沒有再主動跟它溝通，心想由得它吧！只是遊魂一個！

開始跑的時候，它就一直在後面跟着我，可以說是寸步不離，我感到非常煩厭，可是我仍然不想跟它溝通，無奈之下，只好縮短跑步時間，打道回府！

穿新的球鞋去跑步有一個煩惱，因為它需要一點時間去迎合你的腳型，因此第一次穿上之後，腳踝會有點兒酸痛。所以第二晚去跑步，我換了另一雙球鞋。

那位女生靈體，依舊站在我家門前，但這晚它非但沒有

用憤怒的眼神看着我，而且也沒有跟在我後面！「不理會它是對的！」我心想。

過了幾晚，我又穿那雙新球鞋去跑步了。它和第一晚相同，又是那憤怒的眼神，又是那窮追不捨的步伐！

究竟是甚麼一回事？

腦袋在交戰，既不想跟它溝通，可是又壓止不住自己的好奇心。

在床上輾轉反側，想了一整晚，忍不住想入睡時，頭部像給人敲了一下「叮」！是不是跟那雙新球鞋有關呢？

我決定測試一下，把球鞋交替地換去跑步，結果如我所想的一樣！

沒有辦法，我試著與它溝通。一問之下，我大吃一驚！

原來它也是愛球鞋之人，非常緊貼球鞋的潮流資訊，當它知道該品牌即將推出櫻花款式系列，就前往該店預訂，因

為患有心肌梗塞，過二天就要做手術，心想術後就可以拿取那心愛的球鞋，可惜人算不如天算，它並沒有醒過來，現在仍躺在醫院接受觀察。

它念念不忘那雙球鞋，所以它的「靈魂」就飄出身體，每天都在該店守護着那雙球鞋，而偏偏給我買了，所以它就跟着我，因為它覺得鞋子是它的。

嚴格來說，它不是「靈體」，而是「靈魂」，利用離魂這方式去企圖拿回鞋子！可是，靈魂又可以做得到什麼呢！

「既然是妳的心頭好，就把它還給妳！只要不介意我穿過！」我可不希望跟靈魂爭奪任何東西。

「真的！我很高興，我不介意妳穿過，能送到醫院給我嗎？」它始終露出笑容。

它告訴我所需要的資料，然後我把鞋子清潔過後，第二天就把鞋子送過去。

病床旁邊，有一位女士在坐着，神情憔悴，雙眼通紅，

想必是它的母親。

　　我先介紹一下自己，然後說：「我是妳女兒的朋友，在她未昏迷前訂了一對球鞋，現在收到了，我特意拿來給她，好等她醒來就可以穿上！」

　　伯母含着眼淚收下，我並沒有再問太多，畢竟和它只是萍水相逢。

　　從此我就再沒有見過它了，不知道她醒過來沒有呢？

　　我今天在想……

Case 8

電梯

這事發生在我還未對靈體如現在般感應強烈的時候。

那一晚……

「等一等。」我叫着，向前跑，在我面前，電梯的門，正在向中間合攏。若是沒有人在電梯內，使得電梯門重新打開，那麼，以我的經驗來說，我跑得再快，也無法在門關上之前衝進電梯，多半是我的一隻腳才伸進去，電梯門會把我的腳夾住，運氣好的可以及時抽回腳來，否則，會出現甚麼的尷尬場面，真的不得而知。當然，我可以不用跑，也不用叫，搭不到這一輪，可以搭另一輪，可是爭取每一秒鐘時間，已經成了這個繁忙都市人的習慣，所以我才要扯着喉嚨叫：「等一等！」

當我叫的時候，留意到電梯中大約有大半滿，約有七八個人的樣子，而且，我也看到了，那七八個幾乎全是女性。

這時，隨着我叫「等一等」，正在合攏的電梯門，居然又重新打開來，我即時大喜，一個箭步衝了進去，這時我看到有一隻手，塗着淺粉紅色指甲油的手指指尖，正按在「開」的按鈕上。我忙轉動視線，又看到一張白皙、清秀的

臉，有着典型香港女性的冷漠。

我向她獻上友善的微笑，並且用十分由衷的聲音說：「謝謝！」我又自嘲地笑一笑，略微轉動一下身子。乘搭電梯的人，總是習慣性地臉朝着電梯門的那個方向。

電梯門在我身後關上，開始上升，我幾乎是面對着電梯中的所有人。

在一瞥之間，看清楚那七八位乘客，全是女性，年紀大約在二十歲到三十歲之間，其中離我最近，和我幾乎面對面的那一位，身穿低胸上衣，叫人低頭略看一眼，就禁不住心跳加劇。我自然不能一直維持這樣的姿勢不動，就算人家不投以譴責的目光，自己也會覺得不好意思。

所以我轉動一下身子，變成面向着電梯門，由於我是最後進來，所以，有兩個女生在我的身邊，其餘的都在我身後。在我右邊的那個，就是替我按開電梯門的那個。同時，我感到身後那些女生的呼吸，似乎在漸漸加重。

電梯一直在上升，但奇怪地，好像過了很久仍未到達我

的樓層。

開始感到右邊那個女生的眼光在我臉上盤旋，同時也感到我左邊那位，也正在向我看來，眼光雖然仍是冷冷的，但絕不討厭。

這時，我又胡思亂想：「電梯的體積不大，我們有十個人，如果是密封的話，那就至多在裡面生存兩個小時。」

電梯中仍然一片寂靜，沒有人有任何動作，此時，在我身後突然傳來一陣冷冷的女性聲音：「妳算錯了，這裏，需要呼吸空氣的，只有妳一人，我們都不需要！」

我愣了一愣，不明白這句話的意思，接着，我看到電梯的錶板上，沒有一盞燈是亮着的，我正想說：「妳們都忘了按電梯！」

我想着，自己伸手去按自己要去的樓層，可是手才伸出去，就被我右邊的女生擋住了，我碰到了那隻手，是冰冷無比的。我陡然明白了那句話的意思：

　　電梯裏，除了我之外，全是鬼。

　　我嚇得昏了過去，直至保安人員弄醒了我，原來電梯根本沒有上升過，只是關了門！

Q：貓貓你自少見慣「大場面」，為什麼這次會昏倒呢？

A：肚子餓，血糖低！

Case 9

排隊

　　香港的生活，排隊是不可或缺的一部分，幾乎甚麼都要排隊，坐車要排隊，進電梯要排隊，買戲票要排隊，買飯盒要排隊，到銀行取錢要排隊，甚至存錢進銀行，也要排隊，而最荒謬，就是連買房子也得排隊。

　　有人排隊，自然也有人打尖，這個打尖者的身形高大，壯碩，二十來歲，一條半舊的牛仔褲，上身是無袖的T恤，腰際圍着一個袋子。這個人大搖大擺地走過來，雙臂上的紋身，看來也格外惹眼。

　　那個紋身刺得很細，左臂上，有一條張牙舞爪的龍，右臂上，是一頭正張口咆哮的老虎，依我的角度來看，很是土氣！

　　這個人是在長長的排着的隊伍後面走過來，如果有意排隊的話，這個人早就應該停步，可是這個人卻一直來到最前面，站了一會，拿出一根香煙，取出打火機，略低頭，趁着點煙的那一刻，身子突然側一側，就擠進了第三和第四個人中間。

　　排在第三位的是位老婆婆，只覺得背後有一點異動，轉頭看了一下，身後忽然多了一個大漢，連忙回頭去，當作甚

麼事也沒有發生過一樣。

　　對她來說，沒有損失，自然不會表示甚麼，而且，打尖者那種兇神惡煞的樣子，難道是好招惹的？自然，不出聲為宜。

　　排在第四位的是一個很瘦的中年人，打尖者橫着身子插進來的時候，粗大的手臂，有意無意，在中年人身上碰了一下，令中年人不由自主，退後半步，打尖者壯碩的身體，也自然而然地進了隊伍之中。

　　中年人略揚一揚手，想說甚麼似的，打尖者轉過頭來，瞪了中年人一眼，中年人就算想說甚麼，也變成了模糊的響聲，反倒身子向後縮了縮，不敢離打尖者太近。

　　我排在第五位，在那中年人之後，在我身後還有許多人，都看到了打尖者的行為，紛紛發出不滿的聲音，可是完全沒有具體行動。我忍不住，一來由這隊已排了很久，有點不耐煩，再有人公然不守秩序來打尖，自然應該抗議；二來覺得人人都有公民意識，遵守秩序，有違反的，一定要糾正。

　　於是我伸手出去，越過我前面的那個中年人，手指在打尖者的肩上，輕輕點一下，用十分嘹亮的聲音說：「先生，別打尖！」

　　我的話一出口，在我的身後，就傳來一陣附和聲，都說打尖者不是，打尖者大約在三秒，才轉過身來，又花了兩秒，把口角的香煙取了下來，彈着煙灰。在這五秒時間內，我身後的所有人，都靜了下來，在我前面的那個中年人，把雙手放在背後，向我急速地作了幾個手勢，意思十分明顯：叫我別多管閒事，不要再說甚麼。

　　打尖者顯然十分習慣這種場面，也十分明白自己在弱肉強食這種森林定律中所佔的優勢，所以打尖者一面彈着煙灰，一面用一種特別的手勢拿着香煙，這種手勢，使人一看就知道，只要打尖者手指略動，那支煙就會被指力彈出來。

　　通常的情況下，打尖者不必說甚麼，就可以令場面受到控制，變得甚麼事也沒有發生一樣。

　　可是，我卻沒有被嚇倒，仍然直視着打尖者，打尖者的聲音嚴厲：「妳說甚麼？」

我向隊伍的後面指了一指，提高了聲線：「先生，別打尖，請排隊！」

整個隊伍的人，都沒有發出聲音來，剛才曾經附和過，要求打尖者排隊的人，嘴抿得比剛才沒有出聲的人更緊。打尖者伸手向前，伸到我的面前，使我不得不向後仰了仰頭，打尖者發出一下冷笑聲：「你眼睛瞎了，看不見我正在排隊嗎？」

這時，隊伍略動了一下，前面的一扇門打開，兩個人進去，打尖者也跨前一步，成了第二位。

我仍堅持：「先生，別打尖！」

這一次，打尖者使出了必定靈驗的方法，他突然轉過身，伸手一撥，就把那個瘦弱的中年人，撥得出了隊伍，中年人有點氣急敗壞地叫：「別多事！」

打尖者和我面對面站着，我仍然堅持，雖然有點心怯：「先生，別打尖！」

打尖者獰笑一下：「誰打尖？妳？好，妳去排隊，從最後排起！」

打尖者說着，伸手把我推出隊伍之外。在那時侯，剛才也被推出隊伍的中年人，連忙站了進來。打尖者用力一推，將那中年人推倒在地，然後，又昂然回到那中年人前面，中年人連忙縮了縮身子，讓位給打尖者。

我看到打尖者前面的老婆婆，正在進去那扇門，回頭向我看了一眼，老得滿是皺紋的臉上，木訥而毫無表情。

打尖者昂着頭，沒有人再講站，下一個就輪到他了，他也木訥而毫無表情。

我一個一個看去，那瘦弱的中年人，也木然沒有表情，其餘的所有人都一樣，我一頓足，憤然掉頭而去，不再排隊。

教我百思不得其解的是，我為何會排在那個隊伍中，我甚至不知道排在那個隊伍的目的是甚麼！

然後，我又聽到許多人的嘈雜聲，我看到自己倒在馬路中心，一架電車就在我面前，許多人圍着我，當我爬起來的時候，在我身邊的人，神情都訝異莫名，一個穿着電車司機制服的人大聲問：「妳沒事吧？」

我反倒有點莫名其妙：「有甚麼事？我會有甚麼事？」

「妳被電車撞倒了，伏在地上一動也不動那麼久，以為妳一定死，可是忽然又醒過來了，甚麼事也沒有，真的大難不死！」

我開始明白，自己剛才排的那條是甚麼隊，只是不能肯定要不要多謝那個打尖者！

Case 10

離魂

　　2019年8月，我在家突然昏倒，家人回家後才發現已經是二個多小時的事了。我被送上救護車，直入急症室檢查後再被推上深切治療部，情況嚴重可想而知。

　　家人說我已經陷入昏迷狀態，全無知覺，醫生也找不到原因。其間我的血糖值一直上升不降，去到五十多度，正常人不會超過十度。醫生害怕會影響我的腎臟功能，引發腎衰竭，所以得要馬上插喉管打針藥。

　　持續了二天昏睡不醒，醫生說沒有辦法，只能依靠我自己的意志，讓自己醒來，否則只會一直在睡，我母親泣不成聲，全家人也非常擔心。

　　幸運地第三天我終於醒了過來，可是意識還未清醒，直到第四天才完全清醒過來，之前發生過甚麼事，我就記不起！在我昏迷期間，我見到一些異像，我經歷了離魂和見到自己信仰中的神！

　　至今仍歷歷在目。

　　平躺在病床上，身體插滿喉管，雙手和雙腳被繩子綁

住，不能動彈。首先感覺到自己變得很輕，像氫氣球一樣，繼而有種「東西」脫離身體，一直向上升，當升到某一個高度時，突然停了下來，我的身體一直在縮小，過程非常痛苦，那種感覺，實在非筆墨可形容，勉強要說的話，就好像把一個人壓縮了一樣。

之後，縮到變成一點，是一粒光點！看到躺在病床上的自己，看到深切治療部的病人、護士和醫生，看到周圍的環境，簡直可說是不可思議！之後飛出深切治療部，往其他病房飛去，霎時間，我覺得如歷奇遊戲的感覺般那樣有趣。

之後突然變得不由自主，控制不了，飛回自己的病房中，見到煙霧瀰漫，有幾個「人」坐在我面前，雖然看不到容貌，但我知道祂們是我信仰中的「大黑天」、「天照皇大神」、「阿彌陀如來」和「觀世音菩薩」！

我感到自己在下跪，並痛哭着說：「我不想死！我還有很多事情還沒做！」

不知道哪位神祇回應我，說：「沒有人要妳死啊！是妳自己飄來飄去，快返回身體！」那聲音並沒有男女之分，而

且並不實在，但非常悅耳，令人想一聽再聽。

我飛回自己的病床上，感覺光點正在擴張，直到變會原來的我，其間沒有任何的痛楚，跟着我就徐徐下降，返回自己的身體內。

就醒過來了。

無論如何，這個經歷讓我知道，神祇是存在。

我會好好珍惜每一天。

大家都應該要。共勉之。

靈緣

CH2

Case 11

留下眼淚前

　　承接上一本《鬼域貓瞳》Case 24「愛莫能助」中，說過對於那個被父母製成泰國古曼童，卻又拋棄他的可憐男孩，原本以為是愛莫能助的。

　　可是事件由我拜見一位泰國法科師傅後扭轉劣勢。

　　說真的，對自己擁有陰陽眼感到很累，希望有師傅可以把眼封掉，可是一次又一次的失望。

　　機緣巧合下，一位泰國法科師傅因聽了我在網台節目談到自身的靈異事件，對我的經歷很感興趣，所以在面書找到我而成為朋友。

　　那晚去他的店，替我做了些法事，希望可以替我封身。之後，我們談到那男孩的事。

　　「我問過他想要些什麼，可是他年輕太少，根本不知道怎麼表達，只表示想跟著父母，但是他們已經將他丟了出來，我怎樣可以幫得到他？」我存在著一絲希望。

　　「妳沒有法力在身，根本幫不到他，而且妳主動去燒些什麼東西給他，就只會令他更眷戀陽間！」師傅不同意我的想法。「妳要做的是把他帶到廟，說服他聽佛祖讀經，繼續

修行。」

　　在回家途中，想著想著……我家附近有間泰國廟，所以決定去找那小男孩。走到樹叢，我見猶憐，他孤單地坐在樹下，托著頭作思考狀。我行到他旁邊，輕輕叫他：「在做什麼？」

　　「沒什麼」他天真地回應。

　　「坐在這裡不是辦法，我帶你去一個地方！那裡有很多小朋友陪你玩……」我努力地游說他。

　　「好啊！爸媽和妹妹也去嗎？」他對我的提議好像頗有興趣。

　　「不，他們不去！」我說。「那我也不去！」他邊說邊玩弄手指。

　　花了四十分鐘嘗試去說服他，均不得要領，無功而返。好一個固執的小孩。

　　但我也不是省油的燈，如是者我每天都去煩他，終於有一天……

「如果不好玩，妳會帶我回來嗎？」

天呀！他終於被我的「煩音」感動了!

「會！當然會！」我答應他。

「明早來接你啊!」我帶著愉快的心情離開。

第二天清早，我去那樹叢，把那個古曼童娃娃袋起，再乘車去那間泰國廟。

天呀！原來車子不能直接到那寺廟，要下車後再徒步上山去! 登山對於我來說，比死更難受，特別是大熱天!

好不容易行到達寺廟，看到有很多小朋友靈體開心地跑來跑去；也有一些成年的靈體跪在地上聽師傅誦經。正想踏入廟堂的時候，有一位師傅叫停我，並說：「不要走這裡，跟我來!」

跟隨那黃衣師傅去到另一間廟堂。「先把那古曼童拿出來。」他指著我的背包説。

很厲害的師傅，怎麼會知道我背包放著那個古曼童娃娃？

從背包把它拿出來交給那位師傅，正當我想告知來意的時候，他說：「我知道了，妳希望他（那男孩不知從那裡跳了出來，並站在我身邊）在這裡聽佛祖的經和修行吧？」

我啞口無言，只好「嗯」了一聲。

師傅隨即把那古曼童娃娃放在佛祖的腳下，呼喚男孩到他跟前，對他念了一些經文（我不懂泰文呢！）後，那小男孩隨即跑去跟其他小孩靈體一起玩。

師傅對我說：「由他玩一會，待他感受和適應一下，妳就坐在這裡看著他，而且妳還得聽聽經呢！」

「師傅，我不懂泰文！」我委屈地說。

「經文是由心感受，不是用耳朵聽啊！」說畢就去了給我倒茶和拿點心。

我一直坐到下午，忽然下起大雨，寺廟帶點清涼和清靜。

突然發現那小男孩沒有在我的視線範圍，心有些急，沒

有理由的，我明明注視著他，究竟去了那裡？

　　我冒著大雨跑出去找他，看見一個教我鼻子酸酸的情景，他跟那班成年靈體一起跪在廟堂內，小手合十在聽經！非常不可思議！

　　如果不是親歷其境，我也不會相信！

　　我默不作聲，緩緩返回自己的座位。

　　「我決定留在這裏！」小男孩跑來跟我說，然後又隨即跑開，向我合十，然後消失在我眼前。

　　我感動得流下愉快的眼淚，他終於不再流離顛沛。「師傅，他說留在這裏！」

　　「那就好了！放心吧！佛祖會照顧他的！」師傅微笑著說。

　　大雨停了，也是離開的時候，我捐了一點香油，頭也不回，然後打道回府。

　　其實到現在我都十分想念他，可是又不想去騷擾他修

行，始終人鬼殊途，只好把他的小臉記在心。

　　偶爾去朋友的家，還是會看到這些可憐的小朋友在自家門，我在想已經順利幫了一個，我可以幫其他的嗎？

　　心裡面卻有一把聲音說：「想也不用想！妳能幫得多少個？這也是他們的罪孽報！」

　　我明白了！

　　你們明白嗎？

Q：有沒有師傅、高人跟你解釋過，為何你的陰陽眼總是封不了？

A：仙緣足，封不了！

Case 12

夜哭

這是關於我的舊居。

這種低密度住宅，建築上雖然不至於偷工減料，但在隔音設備上，因為地方空曠，總會比較差些。所以如果有人在自己的臥室中忽然興致大聲，引吭高歌、又或夫婦對罵，聲音超過平時說話的音量，那左鄰右舍，樓上樓下，自然會聽到聲音，在沉靜的黑夜中聽，有時甚至十分清晰。特別在午夜時份，洪亮的嬰兒哭聲。

在我住的這大廈中，有許多住戶是組織了家庭的新婚夫婦，有嬰兒哭聲，自然不奇怪，而且，也不會引起人們太大的反應，因為嬰兒總是惹人喜愛的，那是人類生命的開始。

可是令人奇怪的是，這嬰兒的哭聲十分響亮，常理來說，孩子哭了，父母或照顧孩子的人，總會用盡一切方法，讓孩子不再哭下去。然而，這個哭啼聲洪亮的嬰兒，一哭起來，少則十分鐘，多則半小時，期間沒有大人哄拍的聲音，從嬰兒連續不斷的哭聲來推測，好像沒有任何人，做過任何使嬰兒停止啼哭的舉動。

這就有點奇怪了！事情開始在大廈引起議論。

在一個早上上班時份，電梯擠滿了人，其中有一個少女打了一個呵欠，嘀咕了一句：「不知誰家的孩子，整晚哭過不停，真的令人受不了，他們家的大人，不知怎麼搞的！」

那時，電梯正由高層九樓降下來，在八樓到二樓之間有不少人進入電梯，少女的話，立時引起了共鳴，大家都表示，最近一直為這個喜歡夜哭的嬰兒所苦，說的人都皺著眉頭，有一位先生的脾氣可能不是太好，竟憤然一拳打在電梯壁上，發出一聲巨響：「要找這家人找出來，我住九樓，聽來，聲音像是六樓或是五樓，早上做司機，晚上睡不好，真煩！」

司機先生說着，用相當不友善的目光，盯着電梯停在六樓時進來的一個少婦身上，少婦神情惱怒：「我沒有孩子，不必望著我，那孩子的哭聲，我每晚都聽到，誰能把那家人找出來，勸他們晚上多照顧孩子一點，那就功德無量。」

司機先生有點不好意思，於是自告奮勇：「包在我身上，拼一晚不睡，也要把他找出來！」

一個老伯伯也參加了討論：「這孩子，每晚哭成那樣，

一定是身體有甚麼不舒服。」

　　我也立刻回應：「聽我婆婆說，冰塘燉蟬殼，止小兒夜哭，很有效！」

　　電梯到達大堂，議論自然停止。而同樣的議論，在電梯中不知進行了多少次。事實上，每晚聽到嬰兒哭的人極多，所以到了那個晚上，管理員、那個司機和我，就出發去調查。因我經常在家搞東搞西到深夜，所以對也那嬰兒的啼哭聲，印象特別深刻。

　　我們三人先議論一番，我住九樓，並說：「不是八樓就是七樓，哭聲由下面傳上來，再明白不過，我曾好幾次從窗戶探頭出去，我看不是C座，就是D座！」

　　我很有實事求事的作風，一面說在紙上畫出大廈每一層的平面圖來。大廈有一條走廊，每一層都有八個單位，C座和D座都靠東北面，我住的是九樓C座，聽到的嬰兒啼哭聲十分清楚，所以才有這樣的猜想。

　　我和司機先生互望了一眼，司機先生又握著拳，在管理

員坐的那張桌子上，重重打了一拳(看來這是他的習慣)：「不怕，那孩子一定哭，根據哭聲，不怕找不到！」

根據哭聲，自然不會找不到，午夜過後不久，嬰兒的哭聲就傳出來，和往常一樣，不同的是，這一晚，有人要找出嬰兒哭聲究竟是從哪一個單位傳出來的。那並不是難事，從九樓，走樓梯到了八樓，就可以肯定哭聲是從八樓傳出來的。司機先生、我和管理員在八樓的走廊中聽到哭聲，的確是由D座傳出來的。

八樓D座！

我們三人都呆住了！

管理員皺着眉：「不對啊！這單位都還沒有人搬進來！」

怎麼會有嬰兒的啼哭聲傳出來，而且不是一次兩次，而是整晚不斷？

我們三人呆立在門口，感到走廊中似乎有寒風吹來，司機先生發出了一下極難聽的聲音，用力在門上打了一拳，啞

着聲音叫：「別吵了！」哭聲突然停止，我們身上的寒意更甚，誰也不知道是怎麼一回事。

當晚，這三個尋找嬰兒哭聲來源的人，顯然未曾睡好，因為第二天早上，許多住客聚在大廈門口，聽司機先生和管理員報告昨晚的經過時，二人的眼睛，全是紅紅的，聽的人，神情也十分怪異。因為昨晚，再沒有人聽到孩子的哭聲！

那個老伯最先表示意見：「要不要請人來……作一場法事?」

一個嬸嬸立時反對：「老伯，你別亂說話！」

大家正在說着，一輛搬運車駛到大廈門口，下車的是一對年輕夫婦，少婦懷裏抱著一個嬰兒，下了車之後，嬰兒正在哭，哭聲宏亮。

所有人安靜得一點聲音都沒有。管理員勉強地發問：「新搬來？幾樓？」

那位年輕的母親説：「是的，8樓D座。」

這時候，站在大廈大堂的住客，更出奇地安靜，靜得連呼吸聲都聽不見，因為大家似乎都忘了呼吸或者不敢呼吸⋯⋯

Q：這事件有後續嗎？

A：有⋯⋯請看我的第三本書！

Case 13

眷顧

　　從律師事務所出來，陽光普照，秋高氣爽，好朋友A和B兩夫婦興奮得手緊挽着手，覺得世界上充滿了幸福，看得連我這個電燈泡也有些不好意思。

　　幸運之神似乎一直在眷顧他們，A在工作上升了職，B的幼稚園業務也蒸蒸日上，他們結婚兩年，積蓄了一筆相當數額的存款之後，就開始物色他們可以買得起又符合他們理想的房子。終究是自己房子，計劃中要住很多年，所以不可能隨便，一定要在盡可能範圍之內，找到自己最喜歡的住所。

　　「喂！今晚到我們家一起傾談細節吧！」他們邀請我替這個家做室內設計工作，我當然樂於效勞，雖然有點言之過早，但畢竟大家是從少玩到大的好朋友嘛！

　　他們一條一條地把自己所要的條件寫下來，連細節都寫好，例如屋子一定要向南，因為夏天有涼風，冬天滿屋子都是陽光，種植室內植物，也可以生長得茂盛，最好有三個房間等等。我們也不斷商量着如何佈置他們的家庭，他們對生活充滿了憧憬和甜蜜。

　　可是在開始找房子的時候，他們的困擾就來了，他們發

覺，理想的住所不是沒有，稍微合心意的，卻離他們的理想還很遠，房子的售價之高，已經不是他們所能負擔的了！

「為什麼不考慮住在郊區的村屋？」我提議。

「郊區的村屋一樣不便宜，而且帶來的問題極多⋯⋯」A苦惱着說。

最後只好放棄。

半年後，他們幾乎已經心灰意冷。在這半年內，他們的儲蓄自然又增加了不少，可是比起房子的售價，還不知差了多少。美麗的計劃，看來變成了泡影，這真是令人沮喪之極。

當我們已經有一個多月，誰都不想再提起房子的事情時，人生就是這樣，好運氣突然來了。

那天早上，A的手機響了起來，拿起電話，是一個地產經紀打來的，他們為了找房子，也曾拜託了不少經紀，而每一個地產經紀在聽了他們的條件後，都搖頭不已，認為他們

可能是從火星來的，想用那麼少的錢，去買那麼好條件的房子！

他們也早對地產經紀不寄予厚望，可是意外地，那個電話中的經紀告訴他們：「有一層房子，很符合你們的條件，業主急於放售，要不要來看一下?」

A的聲音帶點苦澀：「只怕我們買不起！」

但經紀的回應令他們燃起了希望：「售價低到難以置信，錯過了這次機會，恐怕再也不會有，你們要來看的話，下午二時來，我帶你們去，有很多人也會去看呢！」

看房子的人很多，至少十多個，當他們來到那幢大廈門口之際，他們已經搖頭，那是一幢相當高級的住宅大廈，地點適中，單位面積九百多平方尺，這種房子，他們是買不起的，只是姑且上去看看。業主是一位不怎麼喜歡講話的老人，對於其他看房子的人批評房子這個不好，那個不好，顯得極不耐煩，只是對一言不發的A和B表示好感，甚至示意經紀，把其他人全部趕走，然後對他們說出價錢。

A和B一聽，幾乎不敢相信自己的耳朵，售價只及市面房價的一半！

A是老實人，忍不住問：「為什麼？老先生，你的房子，不只值這個價錢！」

業主沒有說什麼，只是問：「要不要？要就明天到律師事務所辦手續！」

他們二人一起說：「要！要！當然要！」

一切都符合理想，世上竟然有那麼幸運的事，難怪他們覺得幸運之神降臨在他們身上。

三個月後，經過悉心的佈置和裝修，他們搬進了新居。有一晚，他們請我和另外幾個朋友到新居吃飯，大家看到那麼好的環境，又知道售價如此低，都十分羨慕，稱讚他們好運氣。

只有我一個：「世上哪有這麼便宜的事，這屋子……莫非是有甚麼古怪？」我非常婉轉地說着。

他們當時笑了起來：「有甚麼古怪？總不會是有鬼吧？」

是的，我見到其中一個房間，有個女靈體站在房門外看着我們，可是我又不敢告訴他們，因為始終新居入伙，又是他們理想的家，我不想掃他們的興，嚇壞他們。

我知道他們當然不會把我的說的話放在心上，可是有一晚，A的公司有應酬，只有B一個人在家，接近午夜，B還在整理衣物，她站在衣帽間的衣櫃前，背對着房門，而房門是打開的，房門外是一條短短的走廊，走廊中有另外兩個房間的房門，都關着，那是他們的睡房和電腦房，就在那時候，B突然聽到其中一個房間，傳來了哭聲。

B呆了一呆，她立即弄清楚那決不是甚麼電腦或電視機的響聲，哭泣聲十分清晰，顯然是有人在抽泣着，環境十分清靜，所以哭泣聲聽來，十分清楚。那個房間有人在哭，B在那一剎那間整個人都僵住了，她想叫，可是怎麼也發不出聲來，拿在手中的一件衣服，在發抖。她甚至連轉過頭去看一看的勇氣也沒有，在她一生中，從來也沒有那樣害怕，在她混亂無比的思緒中，她只想到一個字 ―「鬼」！

哭泣聲一直持續着，直到她快要昏過去時，才聽到了開大門的聲音，接着是A的叫喚聲，B知道丈夫回來了，她想大叫，但這時，哭泣聲也消失了，她緊咬着下唇，不讓自己叫出聲來，A走過去，在B的背後摟住她，才驚覺她的身子抖得很厲害。

B沒有告訴A聽到哭聲，只是在第二天，她去買了一條十字架頸鍊，每當午夜驚醒，她就豎起耳朵來聽，除了丈夫輕微的鼻鼾聲之外，並沒有甚麼特別的聲音。

又有一個星期六，B約了一群女性朋友去逛街購物，當她回來的時候，發現丈夫正在大口喝着酒，神情十分奇怪，可是卻沒有說甚麼。第二天，B發現丈夫帶了一個法科師傅回來，那師傅做了一些儀式之後，給了A幾道符，把其中二道，貼在那間電腦房中。B感到一股寒意，望着丈夫，A避開她的目光，B歎了一聲：「我們互相之間不要再隱瞞，這……房子裏……有鬼！」

A比妻子更脆弱，他幾乎哭了出來：「是……是……昨晚我一個人在家的時候，那個電腦房……有女人的哭聲……」接着，他接近崩潰似地大叫了起來：「為甚麼？為甚麼？我

們辛辛苦苦工作，賺錢，買房子，你為什麼來找我們？為什麼？」

他用力地打開電腦房的門，房中還很凌亂，他對着房間，大聲吼着，B要用力把他拉開，然後一起離家，一直在外面不想回去，當晚，他們在酒店過了一夜。

第二天，他們才鼓起了勇氣回去，接下來的幾天，他們都不讓對方單獨一人在屋子裏，一直到星期六，接近午夜時份，哭泣聲又從電腦房傳出來，他們除了緊緊相擁之外，一點辦法也沒有，誰也提不起勇氣來打開那個房間的門看看，一直到天亮，哭聲才停止，兩個人的精神，已經到了崩潰的邊緣了！

「把它⋯⋯賣掉吧！當時⋯⋯那麼便宜，就該知道⋯⋯我想起了，貓貓之前在飯局已經提醒我們！」B低聲說。

A的面色鐵青：「找貓貓介紹人來做法事，把它趕走！」

B終於忍不住「哇」的一聲哭了出來，A緊握着拳頭，狠狠地瞪着那個房間的房門，房門是關着的，誰敢打開來看看裏面在哭的是誰？

各種僧、道的法師我已經介紹過，法事亦都舉行過，他們也曾經試着和原來的業主接觸，問他那個房間發生過甚麼事，可是那位老先生，據說已移民到外國去，下落不明，無法聯絡。

他們也曾問過鄰居，詢問他們這個單位究竟發生過甚麼事，可是並沒有人知道，只知道以前這裏住着一對父女，女兒大約三十歲，沒有嫁人，或是嫁了人又離異，所以和父親住在一起，也沒有人可以肯定，管理員說：「馮小姐瘦瘦削削、斯斯文文，很客氣，不愛講話。」

「那麼，每逢星期六在哭泣的，就是那位馮小姐！」我抽着煙說。

馮小姐後來怎麼樣，沒有人知道，鄰居向來是各顧各的。每逢星期六，哭泣聲還是照樣傳出來，A發了狠勁：「大不了不要這個房間，除了哭泣聲外……也沒有甚麼別的不對勁。」他請人在那間房裝上隔音設備，可是怎樣弄也阻隔不了哭聲，每當哭聲傳出來時，他們除了奪門而逃外，便沒有別的辦法。那給他們精神上帶來的折磨，簡直不可言喻。一個星期六又一個星期六，一直到大半年後，A決定放棄了。

「明天找地產代理，把房子賣掉吧，不管甚麼價錢，賣掉算了。」在飯局中我苦笑着說。

「也好，不過……今天我去檢驗，我懷孕了。」B歎了一聲。

說也奇怪，在飯局之後，那個房間再沒有哭聲傳出來，一切竟變得那麼正常，他們甚至敢在星期六晚上，進入房間內玩電腦。

B的腹際，則日漸隆起。一切，似乎全都回復正常了。

Case 14

過橋

　　伯父和伯母結婚已十多年膝下猶虛，所以小時候的我經常在他們家生活，把我當成親生女兒一樣看待。沒多久終於有好消息，伯母懷孕了！

　　就這樣他們就沒有再帶我到他們家玩，他們由一家二口變成一家四口……伯母懷了龍鳳胎！

　　再過了一陣子，他們舉家移民去美國的長島落地生根。多年後，因為伯母患了抑鬱症，所以決定抽空前往探望，某天閒聊間伯父告訴我一件怪事，就從那一年移民後開始……

　　有一晚，他們如常哄女兒和兒子睡覺，確定他們睡著後，伯母輕輕拉上門，就在只剩下一道門縫的時候，她和伯父聽到女兒忽然叫着兒子的名字，他只回了「嗯！」一聲。二人都呆了一呆，伯母自然地挺直了身子，想再推開門，要孩子別再講話，快點睡覺，但是伯父卻拉住了她的手，在耳際，用極細的聲音說：「別驚動他們，聽聽孩子在講些什麼。」

　　伯母表示同意，突然他們聽到女兒又叫了一聲，兒子又回答了一聲，女兒道：「明天要去探姊姊！」

　　兒子又再「嗯！」了一聲，聲音中有十分濃厚的睡意，

聽起來模模糊糊：「我喜歡姊姊，她常唱歌給我們聽：搖搖搖，搖到外婆橋，我也喜歡那座橋⋯⋯」

女兒聲音相當興奮：「那座橋很高，為什麼每次都不讓我們走過去？是小孩子不准上橋嗎？」

二人都在對方的神情中，看到了二人心中同樣、極度的疑惑。他們不約而同地一起伸手推開門，一起張口，想要說話，但是卻不約而同，沒有發出聲音來。

雖然是雙層床，但也不是很高，睡在上層的是女兒，睡在下層的是兒子，一推門就可以看到，兩個孩子睡得四平八穩，一動不動，兒子的嘴唇在動，但那不是說話，只是孩子在熟睡時常有的動作。

他們呆了一呆後，輕輕來到床前，伯父伸手推了女兒一下，她睡得很沉，沒有反應，聽說孩子如果是裝睡，雖然合著眼睛，但是眼睫毛會不住顫動，仔細看了好一會，孩子是真的在熟睡！他舒了一口氣，四歲的女孩子，有甚麼理由裝睡呢？

可是，如果孩子真的在熟睡，為什麼會說話呢？剛才明明聽到他們有在對話，若是只有一個孩子在說，還可以說是

孩子在說夢話，可是剛才明明是兩個孩子一起說話。

　　此時，伯母也完了對兒子的檢視，肯定他也在熟睡。伯父和伯母的神情訝異莫名，在孩子房中，僵立了片刻，心中都說不出的詭異感覺，然後，才互相握著手，向外走出，當他們互相握著手的時候，發現雙方的手心中全是汗。

　　他們走向門口，輕輕拉上門，而就在門只餘下一道縫的時候，房間中，突然又傳出了女兒叫兒子的聲音，以及兒子答應的聲音！上一次，他們聽到這種叫喚聲時，心中只感到有趣，佇立著，並沒有推開門，想聽聽大人不在的時候，兩個小孩究竟會說些什麼話。

　　可是這次，他們卻感到一股寒意，自頂至踵，像是從身體的每一根骨頭中直冒出來，他們雙手緊緊地握著，沒有勇氣再去推門。

　　兒子的對答，仍然充滿睡意；女兒的聲音聽來很清醒：「見了姊姊，向她要甚麼？」

　　兒子含含糊糊地道：「糖一包，餅一包……」

　　女兒還是在自言自語：「叫姊姊帶我過橋上玩，上次見到

她的時候，她說橋那邊很好玩，有許多許多的新奇事物。」

　　兒子忽然嘰嘰咕咕笑起來：「我也要去，我也要去，姊姊答應過，會帶我們去的。」

　　伯父和伯母倆人聽到這裏，身子不由自主地發起抖來，她看來已支持不住，他勉力提了一口氣，又聽到女兒在說：「姊姊一定會來……」的時候，他一抬腳，還沒有腳去踢，膝蓋已經「砰」地一聲，把門頂了開來。那一聲大響，足以把兩個熟睡中的孩子吵醒，所以他們看到的情形是：女兒和兒子正坐起來，揉着眼，一副不知所措的樣子！

　　伯父多半不知道自己的樣子有多難看，再加上他的聲音也不由自主地提高，所以，他才喝了一句：「你們在胡說什麼？」兩個孩子已「哇」地一聲哭了起來。伯母快步走去，先把兒子抱起來，放在上層床上，然後，一把摟著兩個孩子，雖然她自己也在發抖，可是還是狠狠瞪了伯父一眼。

　　伯父知道嚇着了孩子，沒有再說什麼，就退了出去，在門外，他聽到伯母對孩子說：「沒事，快睡覺，乖孩子，快睡覺！」他突然感到一陣莫名的厭惡和煩躁，回到了臥室，待他抽到第三支煙時，伯母才進房間來。

她在床邊坐了下來，過了好一會，她用發顫的聲音問：「明天……別去掃墓了，只怕……只怕……」

伯父破例地粗聲粗氣：「怕甚麼？」伯母沒有再說甚麼，默然地躺了下來。

「伯父，哪裡有鬼出現？但這真不像鬼故事嗎？」我問他。

原來……

當日是清明節，他們去拜祭第一個死去的女嬰；

在懷女兒之前，也懷著一名女孩，可惜八個月因臍帶纏頸而死去。

姊姊帶著妹妹和弟弟過橋……

Case 15

盂蘭

　　我的姑姐有一個嗜好，就是演粵劇，雖然她沒有正式跟師傅學藝，但演起花旦來，總算是有板有眼，工餘時或特別節日，都會去參加一些粵劇演出，特別是農曆七月十四的盂蘭盆節，她每年都會必定去參與。

　　有一年，我說希望跟她去見識一下，因為我從未去過盂蘭勝會，她答應了帶我一起去。

　　盂蘭勝會中的「盂蘭」由梵文「Ullambana」翻譯過來，意為「救倒懸」，即救度亡魂倒懸之苦，是來自民間《目蓮救母》的故事；「勝會」是指一大群人舉行活動的意思，在香港亦稱為盂蘭節、中元節或鬼節。相傳陰司地府在七月初一大開鬼門關，直到七月三十日才再次關閉，七月十四日佛教定為「盂蘭盆會」，而道教則稱為「中元普渡」。

　　香港盂蘭勝會是始於潮州、海豐、陸豐、鶴佬等移居到香港的人士，他們在1940年代到1950年代從中國大陸來到香港，聚居於銅鑼灣、上環、西營盤、深水埗、尖沙咀等地，並將他們在家鄉流行的盂蘭節也一併帶來，以聯繫同鄉感情、紀念祖先和超渡地方上的孤魂野鬼。這活動於2011年以「香港潮人盂蘭勝會」名義，獲列入第三批中國國家級非物質文化遺產名錄。

　　那天下午我們就出發到目的地，但在進後台前，她先給我說明一些規矩和禁忌，例如不可以坐衣箱、不可以亂說話、老倌上妝後不可以跟他們談話等等。

　　開場前還要拜神，還要上香給華光先師。

　　相傳華光為南帝，是掌管火之神，本港粵劇界人士對慶賀華光誕辰均十分隆重；由於粵劇演出之戲棚多用竹、木搭成，演戲時容易發生火災，故此戲行藝人均拜華光帝為祖師，把華光帝當保護神。

　　據《佛山忠義鄉志》載：「二十八日華光神誕，神為南方赤帝，火之司命，鄉人事赤帝以消火災，是月，各坊建火清瀾以答神貺，務極奢侈，互相誇尚，用綢綾結成享殿，綴以玻璃之鏡、襯以翡翠之毛，曲檻雕欄、錦天繡地、瑰奇錯列、龍鳳交飛。召巫作法事凡三、四晝夜。醮將畢，赴各廟燒夜，日行香，購古器、羅珍果葷，備水陸之精素，擅雕鏤之巧，集伶人百余，分作十隊，與擡香捧物者相間而行，璀璨奪目、弦管紛喧，後飾彩童數架以隨其。金鼓震動、豔麗照人，所費蓋不貲矣，而以汾流大街之肆為首。」

　　每年農曆九月廿八日，粵劇藝人們都會舉行隆重拜祭華光帝儀式，以祈福避災，俗稱「華光誕」。亦因為過去很多

粵劇藝人爲了生計四處演出，難得相聚，故此「華光誕」又成了粵劇藝人齊聚一堂、切磋曲藝的盛會。

時至今日，粵劇藝人仍保留著「華光誕」拜華光的習俗；除本地八和會館的大型慶祝活動外，作爲粵劇發源地的佛山，每年也有舉辦大型粵劇朝宗活動賀華光寶誕。此外，新加坡八和會館亦有賀華光誕的相關活動。

香港盂蘭勝會的規模、裝飾、祭品、宗教儀式等會因人力、財力、社群籍貫、社區環境而有所不同，潮州人採用佛教儀式，而廣府人和海陸豐人採用道教儀式，醮會大體有三個組成部分：請神、神功戲及派米。盂蘭勝會的會場會搭起數座竹棚，以長竹掛起燈籠的幡，作為引路燈，讓孤魂野鬼前來享受貢品宴席。頌經是要幫助鬼魂超渡，第一座是主壇，佛教的稱為「正壇」，而道教的則稱為「三清壇」，是僧尼誦經之所，在壇中三日三夜不停頌經，以超渡亡魂；第二座是「天地父母棚」，用以供拜天地父母之所，棚內有各種奉神的燈飾和禮品；兩側一般設有辦事處及會客處；第三座為「大士台」，設有一座紙紮觀音化身的青面獠牙「大士王」，用以鎮攝鬼魂之用；其傍設有一棚放置其坐騎「馬神」。盂蘭勝會有打齋附薦先人的習慣，故亦設置「附薦棚」，打齋儀式是盂蘭勝會中重要的一環。更有人在勝會中競投福物，以求賜福。還有一個用藍色和白色布置的「孤魂

台」，用來接引孤魂脫離地獄之苦。最後是最大座的戲棚，上演各種劇目的神功戲，免費供市民欣賞。

請神儀式由道士首先誦經，接著出發請神，與會者沿路灑水以除穢氣，並有人提著燈籠及捆著紅繡球的柳枝開路，由會場出發，請出沿路古廟神像後才折返會場安放於神壇，常見的有「天地父母」、「南辰北斗」、福德老爺、城隍爺及區內廟宇的觀音、天后等，在返回會場的途中會先作「遊神」，即把神像抬到附近街道及重要建築物，隊伍由長老帶領，值理、家屬、街坊會員、樂師、戲班等隨行，沿途扛著香爐，敲鑼打鼓、奏樂及舞蹈，藉此祈求菩薩保佑街坊平安，隨著時代進步，請神隊伍已改為以車代步，只有極少數團體維持環區步行的傳統。安放神像後，請神隊伍會一起吃湯圓作結。

「神功」是做功德的意思，以大戲做功德便被稱為神功戲。盂蘭節神功戲會在農曆七月十五至十七日一連三晚演出。現時在大型的盂蘭勝會通常都有戲班演出大戲，用作給先人在接受功德之餘又得到娛樂，亦可以讓街坊分享同樂。而劇種通常是粵劇、潮州戲或鶴佬戲。

那晚是我第一回看神功戲，從後台偷偷望出去，看到男女老少都有，簡直坐無虛席：「不是說第一場是做給鬼看的

嗎？怎會如此多人？」

下意識地看看他們腳，噢！有些只穿一隻鞋！有大約幾十個靈體！我看得毛骨悚然！之後沒有看下去，返回後台玩手機。

我遇到一個女老倌坐在化妝枱前整理妝容，但記得自己在出後台前，裡面是空無一人，怎麼現在會多了一個人？是因為遲到，所以現在才上妝嗎？我當時的心在想。

無意之間瞄一眼鏡子，居然反映不到她的容貌！接著陸續聽到一些腳步聲，卻看不見有人進來，大驚之下我想離開現場，可惜那個時候我卻動彈不得，像給人綁起來似的，連聲音也叫不出來！

我害怕到極點，開始在胡思亂想：「不會是想取我性命吧！」

在電光火石之間，我看見一位長白鬍鬚的老者，從舞台與後台相隔的布簾走了進來，並說：「別再嚇人，出去看戲吧！」

之後在化妝枱前的靈體和腳步聲也消失了，而我也可以

像鬆綁起來那樣：「謝謝老伯，要不是你，我真的不知道該怎麼辦！」

「哈哈哈，上三枝香給我吧！」

老者手指向華光先師的牌位，然後隨即消失。

我馬上過去上香，然後留電話短訊給姑姐，說我要先走了。我不想再逗留在那個地方……

Q：結果你有沒有給牌位上三枝香？

A：有！

Case 16

小舅舅

　　小舅舅從小時候開始，就有點呆頭呆腦，可是，卻不是弱智兒童。

　　外公說他和外婆在小舅舅四歲那年，擔心他有點弱智，曾帶他給醫生作詳細檢查。醫生的意見是一切很正常，小舅舅看起來有點遲鈍，是由於他的性格不活潑所致。

　　性格活潑的孩子，容易給人聰明伶俐的印象，性格比較木訥一點的，看起來自然不是那麼靈活了。所以，他在學校的成績，普普通通，一班四十人，他的名次通常在三十名左右，他只是一個普通的孩子，不顯眼，甚至在兄弟姊妹之中，他也不太被外公和外婆特別注意，就像是周圍環境，對他有一層保護色一樣，使他不太突出。

　　世界大多數人，本來就是這樣子的。外公和外婆久而久之，也習慣了，可是，在小舅舅身上，卻發生了意想不到的變化。

　　外公追溯起來……

　　發生奇怪的事情，是在某年的清明節，那一年，小兒子才小學畢業，成績照例普通，畢業之後，分派到的中學也不算理想，但總算是升上中學，全家已經非常滿意了。就在那

一年，他的父親去世，所以，第二年的清明節，小兒子有了有生以來，第一次的掃墓經驗。

經過了擁擠的公路，有一段路面，由於去掃墓的人實在太多，車子幾乎是一尺一尺地在前進，好不容易駛到了墓地附近，下了車後，大家已有點疲倦。

小兒子和他，還要分別提着致祭的物品，大兒子、妻子和小女兒走在前面，小兒子腳高腳低地在後面跟着，經過小路旁，全是墳墓，有的墓，有人在拜祭，有的墓上，雜草叢生，看得出不知有多久沒有後人來過。

對於墳墓，我總覺得它是一種相當奇特的存在，每一個墓下面，都有一個曾經活過的人，而這個曾經活過的人，如今早已成為一副枯骨。

那副枯骨，當然一點價值也沒有，但是在親人心中，還是可以引起無限的追思，所以我已經跟家人說好，他朝一日我離開之後，火化我並撒在花園就好了。

小兒子漸漸落後，他要不斷停下來，催促兒子走快一點。

終於到了墓前，擺好了香燭祭品，當他和妻子在致祭之後，轉過身來，發現小兒子不見了，他皺着眉頭問大兒子：「你弟弟呢？」

大兒子向遠處一指：「他向那邊走去了！」

妻子咕嚕了一句：「在墳場，還到處亂跑！」

他循着大兒子所指的方向走過去，那一帶，全是沒有甚麼人打理的墳墓，野草極多。走了一段路，才看到小兒子。

小兒子站在一座墳墓前，那座墳已經有點向下陷進去，看起來年代久遠，墓前有兩方石碑，石碑也倒下來了，刻有文字的那一面向下，半埋進了土中，石碑的四周，全是野草。他就呆呆地站在那座墳前，一動也不動。

他十分不耐煩，看到小兒子就大聲叫着，可是他一點反應也沒有，他來到他前面：「你在幹什麼？」

小兒子仍然沒有出聲，只是仰起頭來，十三歲的少年，身型相當高瘦，向他的父親看了一眼，父親又呼喝：「快回到爺爺的墓前！」

他順從地跟在父親的身後，向前走著。

掃墓的事，很快就被忘記了。幾天之後，妻子在睡前告訴丈夫：「你有沒有注意到，這幾天，弟弟一句話也沒有說過？」

丈夫呆了一呆，順口說：「他本來就不多說話……」

「可是，幾天以來一句話也不說，而且很怪，那是哥哥說的……」妻子顯得很擔心。

一宿無話。

第二晚當大家好夢正酣，突然聽到飯廳傳來小女兒大叫的聲音：「弟弟，求求你，別再裝神弄鬼好不好？」

父親憤怒地坐了起來，準備向外面大聲叱責，還沒有開口，又傳來大兒子的一下尖叫聲，外公大怒，一下子跳了起來，打開房門，向外面看時，也呆住了，而在他身後的妻子，也發出了一下驚呼聲。飯廳的所有燈光全熄了，在飯桌上，點燃了一支蠟燭，而小兒子，則半伏在飯桌上，雙眼發直，盯着那支蠟燭，口中喃喃地說着話，也不知道是由於氣

氛的詭異使人心頭發震，還是小兒子説的話糢糊不清，聽不清楚他在説甚麼。當父親的看到這種情形，又驚又怒，大喝一聲：「弟弟，你在搞什麼鬼？」

小兒子恍若未聞，小女兒已經驚叫着，奔了過來，投向母親的懷中，大兒子強裝鎮定，也幫着呼喝着，父親一直來到小兒子身邊，怒氣沖沖，忍無可忍，一下子抓住小兒子的肩膀，把他提了起來。

可是，父親還未曾來得及呼喝，小兒子已陡然瞪大眼睛，滿面怒容，大聲講了一句話，同時，一下子就十分有力把父親推了開去。父親向後跌了出去，幾乎沒跌倒在地上，小兒子又指着他，大聲講了幾句話，就算在再驚嚇的情形之下，也可以聽得出是小兒子的聲音，可是，全家沒有人聽得懂他在說什麼。

小兒子的神情像是緩和了些，轉過頭去，又盯着那支蠟燭好一會兒。當父親的總算定下神來之際，小兒子又說了幾句沒有人聽得懂的話，然後突然一下把蠟燭吹熄，奪門而出，向外跑了！

由於全家人實在受驚過度，甚至忘了去阻止他！等到回過神來，才追出去，可惜已經不見小兒子的蹤影，大廈的管

理員說看到他上了一台計程車。

父親決定報警，一直到第二天中午，才在墳場附近，找到小兒子，他在墳墓之中呆立，警員把他帶回來，小兒子看來已回復正常，在警員離開之後，他對父母說：「真對不起！」

但這句「對不起」實在是可圈可點！

父親和妻子相視苦笑，接下來的幾個月，小兒子除了拚命到圖書館借書外，並沒有甚麼異樣，他看的是外文書。作為父親的就拿了其中一本去給別人看，那是一本葡萄牙文的書，是講航海的，是一本十分專門的書。

小兒子竟然懂葡萄牙文！

雖然小兒子不討人喜歡，但發生了這樣的事，還是令人擔心的，父親在當天晚上把小兒子叫進房間來，他的臉上，現出從來未曾有過的一種狡猾笑容，只說了一句話：「別理我，我很好！」

他低聲下氣：「能告訴我究竟發生甚麼事嗎？」

　　小兒子回答十分堅決：「不能！」並隨即提出：「我要進航海學校！」

　　就這樣，小兒子進了航海學校。

　　故事就到此處。

　　小舅舅成績之優異，令人吃驚，學校至今還保留着他的資料。他十七歲那年，已是一艘大輪船的三副；二十一歲，成了船長。他的葡萄牙文，流利得比來自當地的土著更甚，只要他在香港，他也常常去探望我們，不過，更多的是到墳場，在那座不知是甚麼人，石碑已塌下的墓前站立，一站就站好久……

麻將友

自從上一回去了麻將會集體遇鬼後（請參考《鬼域貓瞳》Case 27），我們幾位「麻將友」停了一段時間沒有去打麻將。但……手癢難耐！貓兒沒有魚吃的感覺多辛苦！

「不怕！今回來我家！肯定不會遇鬼！」B一邊建議，一邊拍著胸膛，看來已經按捺不住了。「不用挑了，就今晚吧！」

於是我們一行三人，就在當晚上了B的家竹戰。

第一次去B的家，乾淨整潔，沒有多餘的傢私和擺設，充滿日式部屋風情，但硬是有種黑沉沉的感覺，不知道是不是燈光關係。

事不宜遲，開始投入戰場。

開始時的幾圈，打得很正常，只是我覺得B家的燈光好像越來越暗，氣氛顯得有點詭異：「妳們覺得燈光很暗嗎？」

「沒有啊！妳用心打牌吧！一個不留神，小心連回家車費也輸掉！」眾人揶揄我。

我只好默不作聲，大約凌晨三時三十分左右吧，燈光突然閃了一下，我們四人都嚇了一跳，不約而同地大叫一聲！

「電力供應系統有問題吧！沒事的，我們繼續！」B説。

敏感的我總覺得B出了問題，她坐我的對家，我留意到她的臉色不對，在昏暗的燈光下，份外顯得慘白，而且，我覺得她的聲音變得低沉了，像一位老太婆，我看一眼左右兩家，見她們都沒有反應，顯然是她們並沒有察覺到。

奇怪的事再次發生，但凡每一圈麻將轉下一圈，到B的時候，她總會連贏幾次莊，牌將之高，簡直不可思議！

「邪門啊！到底撞了什麼鬼？」C埋怨着説。

我馬上聯想到靈體這回事，但我又什麼都沒看到，這教我感到很苦惱。

我開始注意B的變化，而B好像察覺我知道什麼似的，開始對我有著不友善的態度。

又過了一小時，麻將遊戲完場了。衆人嚷著說要趕快回家睡覺。

「別走啊，多玩一會兒！我明早要離開……不是，我祖母明早要出殯，早上九時，就要到殯儀館，就陪我多玩一會兒吧！」B用低沉的聲線哀求着。

我注意到B說的每一個字，加上她蒼白的面色、低沉的聲線和跟平常不一樣的眼神，我懷疑B給靈體附身！

「如果我們拒絕她再玩多一會，『它』究竟會怎樣呢？」我的心在想。「都快天亮了，就陪她多玩一下吧！」我提出這個要求。

C和D想了想：「那好吧！可以吃過早餐才回家！」

B居然向我報了一個感激的眼神。

大約清晨六時，天色開始亮起來，B在突然之間伏倒落麻將枱上，我們都被她這突然而來的舉動嚇壞：「喂！妳做什麼？沒事吧？」我們在搖着她。

「我究竟睡了多久？對不起，叫妳們回來打麻將，自己又睡著了……」B伸着腰，懶洋洋的說。

「妳究竟怎麼了？在說什麼鬼話？不要嚇我們啊！妳跟我們玩了一整晚麻將！妳不是忘記了吧？！」C驚訝着說。

B驚叫起來：「不會吧！別開我玩笑，我害怕的！」

「待會妳要到殯儀館送別嗎？」我問B。

「對啊！我祖母離開了，她生前也喜歡打麻將，也是她教懂我的……」B邊倒熱茶給我們邊說。

這下子我們好像明白發生什麼事……

Q：你那群麻雀友屢次撞鬼，之後還敢再「開枱」嗎？

A：當然有！我們已經成「精」！

Case 18

拜託

　　我住的屋苑，靈異事件非常多，住客皆知，在上一本的《鬼域貓瞳》也略有提過。

　　那一晚……

　　大約凌晨十二時多吧，我如常外出跑步，因為已經夜深，不便跑出大街，只好圍繞着屋苑跑圈，以解我跑步之癢。

　　一口氣跑了六圈，仍未有打算停下腳步休息的意思。「姑娘……姑娘……」一把空洞而低沉的男聲，在我的耳機響起來，直入耳窩，教我不寒而慄！

　　我當然知道是什麼會事，並沒有理會它，繼續向前跑。「姑娘……姑娘……不要跑，我知道妳是看到我的！」聲音聽起來像一位老伯伯。剛巧有屋苑的接駁車駛至，我想也不想就跳上車，頭也不回地直奔回家。

　　過了幾個晚上，我又再次出外夜跑，那晚有月光，天色不至昏暗。跑了七、八個圈左右，那老伯伯的叫聲又再出現在我的耳機內：「姑娘……姑娘……」。

　　我沒有理會它，一直向前跑，突然發現我的右手邊有一個頭戴卜帽，鬍鬚很長而白的老伯伯跟我平排地一起跑！

　　下意識地回頭一看，不⋯⋯它不是整個人跟着我跑，而只是頭和脖子，像條人頭蛇似的！！而穿著長衫馬褂的身體則停留在隔二個單位的門前！

　　嚇得我魂不附體！倒在地上！我不是害怕見到靈體，而是受不了那突而然來的驚嚇。「姑娘，我早已叫妳不要跑了！」它的音調像責備我似的。

　　「妳替我給兒子傳話！去！」我抵受不住它那命令式的語氣，所以就生氣起來：「你不要以為我會害怕你，第一，是你把我嚇到，第二，我並不一定要聽從你的吩咐去替你辦事！我可不是你的下人！」

　　我站起來，跟它對峙。它顯然沒有碰過不害怕靈體的人：「對⋯⋯對不起！姑娘，因為我太心急了！」從它對於我的稱呼和裝扮，應該是個有教養的上一代人吧。

　　我的態度軟化下來，只想速戰速決：「那伯伯，有什麼

可以幫忙？」

「我在鄉下的墳墓被白蟻蛀蝕，快要蛀到我的棺材，我嘗試報夢給他，但總等不到他回來，現在我的心很急，迫不得已才來到香港找他，可是他又看不到我……如果再不弄好，會對後人不利！」我感受到它那份心切和關心下一代的幸福的心情。

「伯伯，我需要你一些資料，否則你的兒子會以為我是白撞！」伯伯告訴我，它的姓名、兒子的姓名和棺墓的所在地，我一一記在手機上。

「我現在就去替你傳話，但先聲明，你兒子信不信，我就控制不了，不要怪罪於我才好！」我再三提醒它。

「好的好的，知道了，先謝過姑娘妳！」果然有着一派讀書人的風度。

我跑到它的兒子家按門鈴，未幾有位長者走出來，樣子跟那伯伯有八分相似：「請問找誰？如此夜深有什麼事呢？」

「請問你是何先生嗎？我住在前面17號屋，是來傳話的，我知道這件事很難會令你相信，但我確實沒有半點謊言⋯⋯」之後我把事情一一告知。

「我很驚訝，因為妳真的知道我和家父的姓名和他葬於何地，而我也確實有夢見先父，告訴我關於白蟻蛀蝕他墳墓的事，可惜因疫情問題，不能馬上回去辦這件事！待疫情過後，我會第一時間回去處理！」何先生詳細的告訴我。

我很高興何先生相信我所說的。轉過頭看看那位伯伯的靈體，它默默地望着自己的兒子，我也不想嚇怕何先生，並沒有告訴他的父親仍在我身邊。

我向何先生道別，待他進屋後，我跟何老先生的靈體說：「相信你亦理解吧⋯⋯」「嗯⋯⋯」然後它慢慢地向前行，直到消失在我眼前。

掌心上的電話號碼

　　放工的時候正下著大雨，本來已經混亂的交通更加混亂，車子在路上擠着，無法移動。不耐煩的駕駛人士用力按號，雨聲和雷聲之中，聽來特別嘹亮，卻一點作用也沒有。街上的積水很深，前面有幾架車子顯然已經無法開動，整條道路全堵住了，在一些大廈的進出口，站立着避雨的人，每一個都現出焦急的神色，經過一天辛勞的工作，誰不想早點回家去？

　　人的欲望，雖然沒有止境，但這時候，也變得相當簡單。

　　像我，這時侯就伸長了有點發酸的頸，望着滂沱大雨，眼睛眍得有點痛，我的願望，無非是想找到一台計程車，好把我早點送回家去而已。

　　可是，在這樣的情形下，要找到一台空的計程車，恐怕十分困難，當一台計程車在大雨中駛過，濺起高高的水花，爭着截車的人，還是不顧一切衝上前去，就在車邊爭吵起來，紳士沒有了風度，淑女也顧不得儀態，結果如何，我也沒法子看下去。

　　大雨一直沒有減弱的跡象，站着已經超過半小時，天氣又悶熱，濡濕的衣服貼在身上，使我更不舒服。決定不再等

下去，衝出馬路去碰碰運氣。我側着身，擠出了人群，把手袋頂在頭上，擋住傾盤一樣的大雨，在緩慢移動着的車輛之中，奔向對面馬路。當我未到馬路中心的時候，我的身子已經幾乎完全濕透了，就在這時，我發出了一下歡呼聲！一台沒有乘客的計程車，正正停在我面前！我一伸手，拉開了車門，屈身進了車廂，而就在我進車子的同時，車子的另一邊門也打開了，我幾乎可以肯定，兩扇門是同時打開的，有一個全身濕透的人，鑽進了車廂。

　　我和那人，幾乎是同時坐下來，然後，我們自然地互相望向對方。和我同時進車子的，是一個女人，三十歲左右，由於長髮已濕透了，貼在頭上和臉上，看起來相當狼狽。

　　不單只我們二人互望，司機也帶着質詢的目光，轉過頭來，我當機立斷，向司機一揚手：「我們是一起的！」然後，我轉問她：「先送妳，妳去⋯⋯」

　　她略為抬起頭，有十分好看的天然眉毛，眉毛下是明亮的眼睛，眉毛上還沾着幾滴水珠，她停了半秒鐘，才說出一個地址，聲音很低，我轉述了一遍。司機的神情仍有點不自然，我壓低了聲線說：「會多付車資，請開車！」

司機並沒再說甚麼，雨仍然極大，車子行得十分緩慢，大概五分鐘只移動一百公尺。開始的時候，他把自己的視線保持向前，可是，在車前的後視鏡中，他一直注視着她。

車子在駛出了交通繁忙的街道後，行車的速度快了許多。我們開始交談，原來大家也喜歡研究日本文化，我們言談甚歡。

沒多久，車子忽然停了下來，司機並沒有轉過頭來，她伸手打開車門，在離開之前，説了一句「明天見」。我也想多交一個志同道合的朋友：「明天我們怎樣聯絡？」她笑一笑，也不知在甚麼時候，多了一支小巧的筆在手，我自然地伸出手來，她在我的掌心上，迅速寫下一個手提電話號碼。然後轉身離開，進了一個屋苑。

車子仍然停着，司機十分不耐煩地轉過頭來，説道：「小姐，已到了！」

我如夢初醒：「哦！那位小姐到了，我還沒！」

司機有點惱怒：「甚麼小姐？妳是不是喝醉？一上車就

自言自語，行動古怪！」我感到一陣寒意，車裏冷氣足，我衣服又濕，我問司機：「你沒有看到⋯⋯有一個女人和我同車？」

　　司機狠狠地盯了我一眼，說：「神經病！」我攤開手，電話號碼仍在，但我已經失去了追查的勇氣。

司機

這是我好友R小姐的親身經歷。

「貓，我現在在醫院，昨晚遇鬼了！」一大清早她就來電，聲音聽起來還在抖震！

「什麼？說來聽聽！」我呷着咖啡道。

話說那天晚上，她和在交友網站新相識的男朋友去消遣，老實說，我們友儕間的確看那個男的不順眼，他有一種窮心未盡，色心又起的樣子。我們都慨歎，現在的女人真易騙。

R已經三十來歲，面目清秀，皮膚白皙，樣子身材也頗好，年紀老大不小，不是十五、六歲的女生，怎麼會那麼容易上當？

他們喝了點酒後有些醉意，於是坐計程車回家，一上車，他們就緊摟着對方。

我可以肯定計程車司機是接觸人最多的行業，自然一看就知道，這是一雙關係並不正常，或者說關係並不單純的

男女。

甚麼叫關係並不單純呢？

例如，男的有過糾纏不清的婚姻和男女關係。女的也一樣，更可能的是，這一雙男女的其中一方，正對另一個異性在道德上進行背叛，或許，兩人都如此。

「而且我和他即晚分手了！」她嘆氣着說。

「那麼我要恭喜妳！長得不出眾不是問題，但他滿臉油光，有一種說不出的猥瑣，甚至可以和骯髒連結在一起。同時我們發現他經常竭力地把自己扮演成一個大情人的角色，不斷地用低沉的聲線說着話，口角泛着有惡臭的唾沫，看起來像死去的蟹。」我把埋在心裏的告訴了她。

「說回我遇鬼吧！昨晚他在車上斷斷續續在說甚麼『我和妳結婚，我一直愛妳，我……給妳一個家……』我當然聽得十分陶醉，靠得他更緊，他還在說些甚麼，我已經沒有怎麼再用心聽……」她繼續的說下去。

　　反正就是那一套，有的女人也真易騙，甚麼實際的表現都不必有，有的男人在一分錢也拿不出來的情形下，講一句「將來我給你整個世界」，也有女人上當！那當然，這種女人現在很少，可是還不能說沒有。

　　「剎那間，我的身子突然震動了一下，像清醒過來，本來半閉的眼睛，也在那一剎間睜大，身子離開他一點，他卻急不及待把我拉回來，我再掙扎一下，而簡單的一句話，在我說來卻像十分艱難：『我……我……他對我很好，我現在……對不起……他！』」R像把我當成神父，向我告解一樣。

　　對啊！R已經有一個要好的男朋友，她在網上交友，純粹出於好奇！

　　「他的臉上，現出了醜惡之極的神情，一張本來只是平庸的臉上，泛起了一層陰險的神情。這樣的男人連做一個壞人的資格都不夠，我繼續說：『他照顧得我很好……和他在一起的日子，我才覺得自己像人……』

　　誰知道他立即咬牙切齒說：『他在玩弄妳！妳在他那裏，甚麼都不能得到，等他玩厭了，一腳就把妳踢開，而和

我在一起，我永遠愛妳！』」

　　我歎了一口氣，雖然已經算是竭力壓抑自己，不去管別人的事，但他們擺明是一個賤男人和一個笨女人！

　　「突然……突然……那計程車司機語氣重重的問了一句：『先生，你靠甚麼過生活？能提供你愛的女人合水準的生活嗎？』

　　他身子震動了一下，臉上現出愛情大過天的神情：『我會無微不至的照顧妳，也許暫時錢不夠用，但妳可以去找一份工作，大家一起努力！』」

　　那司機歎了一聲：『這種說話，聽起來真動人，小姐，妳相信嗎？別聽他的，這種連照顧所愛的女人，都無法辦到的男人，最靠不住！』

　　我突然覺得，那司機的聲音很空洞，不像由車廂內發出，於是我四面看了一下……驚訝地！車窗之外，一片漆黑，甚麼也看不到，根本不是我們要去的路線上，甚至已不在市區之中，也不像到了郊外，只是駛進了無邊的黑暗之中！

我們都大叫起來：『司機，你把我們帶到甚麼地方來？停車，快停車！』

司機並沒有回頭，聲音沉重：『小姐，要停的是妳，這時再不停，以後也不會再有機會了！』

這是我第一次實實在在地聽到司機的聲音，雖然這之前，我都曾強烈感受到有人在對我們說話，但實際上，我並沒有聽到聲音。

他的聲音既驚且恐：『你是甚麼人？』

司機又歎了一聲：『我？我只不過是一個愛管閒事的司機，看不慣你這種騙女人的賤相！』

他的叫聲更響：『停！我報警！』

司機笑說：『報警？只怕奈可不了我，我已死了十多年，下面冷清，這才上來開開車，也好找點閒事管管！』它一面說，一面轉過頭來，它不是瘦，只是貼上了一層皮的骷髏。

　　我嚇得尖叫，然後就昏了過去，醒來時已經在醫院，醫生說有人報警求助，說我們在計程車站昏迷不醒，懷疑酒精過量……」她一口氣把事情說完。

　　「可能真是酒精過量呢！別再想太多了，先休息一陣子，我晚一點來看妳！」我安慰着她。

　　至於真相是怎樣，我想大家也不必深究比較好……

罪孽

Case 21

藍可兒

　　先此聲明，我並不是利用或消費亡者，我只是把自己看到的如實寫出。

　　2019年12月6日，我接到香港網路電台最受歡迎的靈異節目「恐怖在線」主持人潘紹聰先生的來電，問我可不可以討論一下非常轟動的藍可兒事件，是否存在靈異成份。

　　藍可兒死亡事件指的是加拿大籍華人藍可兒於2013年1月至2月間在美國加利福尼亞州洛杉磯市中心塞西爾酒店屋頂水塔內的溺死事件。因其死亡地點離奇，加上其失蹤前被監視器拍攝到在酒店電梯內作出一系列古怪動作，因此成為關注焦點。洛杉磯郡法醫辦公室於6月20日根據驗屍結果，做出藍可兒死因為意外溺死的結論，並依其生前的行為，認為藍可兒患有躁鬱症，是造成其死亡的重大因素。

　　藍可兒於2013年1月獨自一人赴美國加利福尼亞州旅行，於1月26日抵達洛杉磯，入住洛杉磯市中心的塞西爾酒店。酒店附近治安不佳。

　　1月31日在洛杉磯市中心的塞西爾酒店失蹤。次月19日，其屍體在酒店樓頂內的水塔中被發現。

有媒體稱藍可兒來加州的目的是散心，且最終目的地是北加州的聖克魯茲。她在洛杉磯期間，每天都會與家人通電話聯繫，惟1月31日後失去蹤跡。

洛杉磯警方全力搜尋未果。2月13日，警方公佈了藍可兒在酒店電梯內的監控影片錄影片段。而有房客表示在藍可兒失蹤當晚也察覺到異狀，聽到有吵鬧聲，而且有部分房間遭到水淹，疑似異物堵塞。

三周後的2月19日早晨，塞西爾酒店有客人抱怨酒店水壓過低及水中有一股莫名的臭味，酒店派出維修人員前往樓頂水箱檢查時，意外發現水箱內有一具屍體。屍體全裸，頭朝下，且異常扭曲。而屍檢結果表明屍體就是失蹤的藍可兒。由於屍體沉在水箱底部，警方和消防部門花了很大力氣，鋸開水箱後才將屍體撈上來。

洛杉磯警方2月19日晚確認死者即為藍可兒，理由是「屍體身上的胎記與藍可兒相符」。藍可兒的初步屍檢結果未能確定其死因，警方試圖進行進一步的毒物檢驗，需六週到八週以發現更多線索。

目前沒有任何證據可顯示藍可兒的具體死因為何。從自殺到他殺等各界均有不同說法，警方根據其屍體被發現的地點，表示不排除有他殺、或性侵犯致死的可能。然而，部分曾與藍可兒接觸過的同學說藍可兒性格開朗，待人友善，不像是要自殺的樣子。曾在一個月前接待過藍可兒的多倫多旅社經理也表示，從未看到藍可兒有任何怪異舉動。

藍可兒失蹤前在酒店電梯內做出一系列詭異舉動而引起注視。洛杉磯警察局雖表示藍可兒並沒有精神疾病，公佈的錄影卻證明其在電梯內做出了各種無法解釋的動作。有媒體甚至稱之為「靈異錄影」。

洛杉磯警察局所公佈的「詭異影片」顯示，藍可兒以休閒裝束走進電梯，身著紅色上衣和拖鞋，並未有異常狀態。但隨後她立即躬下身，按下了多個樓層的按鈕，然而電梯並沒有隨之封閉。大約20秒後，藍可兒將頭伸出電梯外查看，隨後又來來回回進出電梯多次，期間她曾經站在電梯內的死角處，似乎要躲著某個人，此間電梯門一直處於打開狀態，從未封閉。在電梯外站了大約30秒後，藍可兒回到電梯內，但雙手抱頭，再度將多個樓層的按鈕按了一遍。

此時，藍可兒再次走出電梯，面向右方，雙手用很奇怪的姿勢上下左右比劃，雙腿也做出一些奇怪動作，似乎在和對面的人說著什麼。期間她還被拍到用手如數數般掰指頭。

15秒後，藍可兒離開電梯，從監控範圍消失。而電梯在藍可兒離開後，依然開著門靜止了一段時間才封閉。電梯閉門後，電梯又照常運作，毫無異狀的運行到了其他樓層，但每一次開閉，都沒有任何乘客進出。

這段詭異影片立即引起了各地網民的轟動。各界也不斷試圖從影片中尋找線索，許多網友和媒體都對藍可兒的行為舉止做出了詳細分析。有分析認為她的行為似乎像是要躲避某個可疑的跟蹤者，然而她的神態卻顯示藍可兒沒有因恐懼而引發的慌亂特徵，不像是危急關頭緊張的樣子。而電梯本身詭異的運行動作也引起焦點。

其實我之前已經看過該段「詭異影片」，沒錯的她住的樓層走廊和電梯內都有鬼魂，但她卻不是受鬼魂的影響而做出令人費解的動作，我為什麼這麼肯定？

因為我再嘗試把她由電梯內之前發生的事推前看，我看

到她由一間房子中跑出走廊，樣子表現得很開心，房間內則有七至八個身穿黑色斗篷的人，整個房間煙霧瀰漫，像在做一個宗教儀式似的，跟著就出現該段「詭異影片」了！

因此我一直相信，藍可兒的死亡，可能跟邪教中的「活人祭」有關，而且跟酒店有着莫大的關係，否則就解釋不了那些漏洞。

讀者們會有其他看法嗎？

Case 22

紫禁城

　　我發誓以後絕不再去北京紫禁城。

　　北京故宮，即紫禁城，是明清兩朝廿四位皇帝的皇宮。
故宮始建於明成祖永樂四年（1406年），永樂十八年（1420
年）落成；位於北京中軸線的中心，佔地面積72萬平方米，
建築面積約15萬平方米，為世界上現存規模最大的宮殿型建
築。北京故宮是第一批全國重點文物保護單位、第一批國家
5A級旅遊景區，1987年入選《世界文化遺產》名錄。故宮現
為故宮博物院，藏品主要以明、清兩代宮廷收藏為基礎；是
國家一級博物館，與俄羅斯埃米塔什博物館、法國羅浮宮、
美國大都會博物館、英國大英博物館並稱為世界五大博物
館。

　　有一年，我跟媽媽到北京旅行，當然亦都要去故宮走一
趟。那天很冷，而且天陰，整個北京紫禁城像霧的迷糊一
片。

　　我和媽媽逛了大約一個半小時，她說累了，於是我們找
到間咖啡店坐下來喝杯咖啡。由於我的參觀因子非常活躍，
所以我提議媽媽坐在休息，而我自己就再逛一下。

沿途一邊拍照，一邊心想究竟會不會碰見古代的鬼魂，反正我從沒見過。當逛到養心殿之際，突然刮起一陣大風，風沙吹得我的眼睛很不舒服，由於我當時佩戴的是隱型眼鏡，刺痛令我流起眼淚來。

朦朧間，我看見遠方有一排人向我慢慢的行過來，那批人的中間還好像抬著一道橋。由於實在無法瞪大眼睛看個清楚，心想以為是拍攝電影中，所以我急急轉身去找我媽媽。

注意今次這件事是「全無邏輯性可言」望看倌不要有「為什麼會這樣？」、「為什麼會那樣？」的思維。

但我一轉身又看到那批隊伍站在我面前，而且是清裝人，而在橋上的是一名少女，看她的服飾打扮，應該是宮中人或貴族之類。我下意識覺得自己阻礙他們拍攝電影，所以急急向後退，誰不知有四個帶刀的人圍著我，看看他們的腳，全都是穿一隻鞋，那一刻我知道自己遇鬼了，而且還是一批非善類的鬼魂。

他們向我說話，但我聽不懂屬於那種方言，以我估計是「滿州語」吧！

滿語，又稱滿洲語，是滿族所使用的語言，屬滿-通古斯語系滿語支，是一種主賓謂結構的粘著語。

滿語是滿族人的母語，清朝時期滿語被稱為清語、國語，具有官方語言的地位，因而留下了數量龐大的滿文文獻。早期的清代文書全部使用滿文書寫，入關前後以使用滿漢雙文為主，因為與其他民族交流頻繁，滿語中有大量蒙古語和漢語的借詞，同時也有一部分詞彙借入其他語言。

至清末民初，大量滿族人只會說漢語，滿語逐漸式微。其後，大部分滿族人不懂得這種語言，他們已經改說漢語，今日滿語的母語使用者總數在五十人以下，大部分居住在黑龍江省齊齊哈爾市富裕縣友誼達斡爾族滿族柯爾克孜族鄉的三家子村。滿語因而被聯合國教科文組織列為「極度危險」級別的瀕危語言。

他們見我沒有什麼反應，便動手把我按下，企圖要我向那貴族少女下跪！

我死也不肯，可是體力又不夠四個男的大，於是，我被迫下跪了。她開始責罵我，雖然我聽不懂她對我說什麼，但

從她的表情和語氣，都略知一二了。

那二個男的突然把我的頭轉向左邊的紅磚牆，剎那間，牆壁出現一個大洞，像一塊圓的鏡子似的。

畫面盡是一些古裝劇的影像，我閉上眼沒在看，因為情節全是殺頭、宮女被推下井、挖眼割舌等刑罰恐佈畫面！

我拼命掙扎，終於給我甩開他們，最後的記憶是撞向牆壁……昏了過去！

醒來已經在醫院。媽媽說我不知道發生什麼事，只在遠處的咖啡店看到我手舞足道，然後自己撞向牆壁，跟著就昏了過去。隔壁醫床的老太太問我們是不是到過紫禁城的養心殿？我們說是，並且把我遇到的怪現象告訴她。

「我們北京有一傳說，就是紫禁城內的磚塊有儲存記憶的功能。凡有緣人路過都可以目賭當年的慘劇，而且人人所看到的畫面都有所不同，我在北京住了數十年也沒有見過呢……」

出院後第一時間回香港。很害怕他們會跟我回家，所以先在酒店住二晚，清一清身，確定他們沒有跟來才回家。

有一個大學同學是北京人，他有一個高中同學，其母親是故宮博物館的工作人員。說是有一天故宮閉館之後，有一位年齡較大的人在巡邏。走着，發現前邊一個胡同裡，有一位挽着髮髻，穿着旗袍的中年婦女。唉，他就心裏納悶，怎麼還有人？想上前問個究竟。那個女人沖她一笑，轉身走進了身後的牆裡。大家請注意，是牆裡，而不是門裡。

那老人當即嚇得掉頭就走，去找他的工作夥伴。找到之後，就把這事說了。沒想到，沒過幾天，這位老兄就仙逝了。也許，真的是到了大限，陽氣低，才看得見。

不僅這樣，故宮裏有很多院落都是被封起來的！不對遊客開放，其實每一個府第，都曾發生過用科學無法解釋的現象。

解放前還沒有封的時候，在這些地方死了很多人！不是無故消失就是命亡，但始終是離奇得查不出原因，不過有一

個共同點：死後如果還能見着屍體，那麼屍體都沒有臉皮。更嚇人的是一口井，平日白天的時候往下看，井底就是一些石頭，雜草什麼的，但每到晚上十二時後往下看，只要天上有月亮，你會看到井底出現的不是石頭，雜草，而是水，水上倒映的卻不是你的面孔……

當然也有科學人員解釋了：故宮能看見宮女是有科學依據的，因為宮牆是紅色的，含有四氧化三鐵，而閃電可能會將電能傳導下來，如果碰巧有宮女經過，那麼這時候宮牆就相當於錄像帶的功能，如果以後再有閃電巧合出現，可能就會像錄像放映一樣出現那個被錄下來宮女的影子。

不管怎樣，想想故宮裏那些長長窄窄的通道，長滿荒草的牆頭，如果晚上一個人走在那，突然看到前朝的宮女太監向你走來，就算再有科學依據，我也會嚇破膽的。

下午五時，是故宮關門清客的時間。

據說，那個鐘點是故宮陰氣最重的時刻。　很多遊人都感覺到，即使是在悶熱的夏天，下午五時的故宮也會讓人感到一種陰冷……

Case 23

濕透

　　2017年5月，一名休班救護總隊目在橫瀾島潛水期間失蹤，水警輪及海事處船隻在附近水域搜索，可惜並未有發現。 失蹤的救護總隊目，於2006年獲頒長期服務獎章，2018即將退休。據悉，他趁休班與四名友人坐船出海到橫瀾島，其間他獨自潛水後失蹤，友人慌忙報警求助。消防派出滅火輪及潛水組人員到場搜索，惟至今未有尋回。

　　他就是我很尊敬的大哥哥「呀跛」。因為他小時候參加男童軍，有一次在活動中不小心把腳弄傷，但他居然還一拐一拐地去參加其他活動，所以人人都用這個化名去取笑他。

　　認識他已經很多年，眼見他在工作上一直很努力，由一個救護人員晉升至救護隊目，而且還準備退休，他對我說過，退休後的生活就是教潛水，我多麼希望能見証這一天來臨，可惜人算不如天算。

　　我每天都很想念他，但又不敢做通靈，因為只要一天找不到屍首，我仍堅持他依然在世，可能被漁民救起，暫時失憶罷了！

　　我知道這只是對自己心靈上的安慰，但總算叫做有一個希望。

在他失蹤後大約一個月左右，我家門前經常有一灘水在地上，抹了之後，不久又會再出現，已經找了工程人員檢查，可是又沒有任何問題發現，我心生奇怪，但又找不到原因。

直到有一個深夜，我正想上床就寢，突然聽到一把微弱的聲音不停在叫我的名字，經驗告訴我這不是好兆頭，於是我跟着聲音發出的方向，去看個究竟。聲音源自大門外，於是我看看防盜眼，嚇然發現一個全身濕透，穿上潛水裝備的人站在門外，我的眼淚已經忍不住流出，因為我知道是「跛哥哥」！

「妳千萬別開門，有一件事情想拜託妳……」他知道我已經在大門的另一邊。

「可以啊！什麼都可以幫你去完成！」我邊流淚邊說。

他慢慢道來，像呼吸困難般：「妳找我姊姊，叫她替我做招魂儀式，把我帶回家，現在的我很辛苦……我想回家！」

「可以可以，但是我沒有你姊姊的電話號碼！」他告訴我一個電話號碼：「這是她的手機號碼，妳打給她吧！過兩

天我再來找妳！」

我已經泣不成聲。

第二天我就照着「跛哥哥」給我的手機號碼，打給他姊姊，可惜⋯⋯

我在客廳沙發坐了兩晚，「跛哥哥」也沒有找我，當我正在乾著急的時候，他的聲音又再大門外響起。

「我已經依你吩咐，打電話給你姊姊，可是她不相信我說的，還把我臭罵了一頓，我嘗試再打電話給她解釋，可惜她已經把我的電話號碼封鎖了！」我如實反映給他知道。

他聽後沒有作聲，只聽到他在哭泣，而哭泣聲隨着分秒離開我的耳邊越來越遠，直到我再聽不到門外有任何聲音，我再看看防盜眼，已經不見他的蹤影了！

直到今天，他已經沒有再來找我，而我，只能略盡棉力去替他誦經超度⋯⋯我什麼也不能做得到！

Case 24

回家

靈體可以停留在陽間多久，等待合適的人，替它辦事？

2011年，我中學同學H，是水警警員，負責駕駛水警輪，經常北上去深圳消遣，與女朋友租屋共賦同居，可惜欠下廿萬巨債無法清還，終於在寓所燒炭身亡。

那晚，約了朋友在旺角吃晚飯，因為我已經遲到了，所以快步地趕去目的地，路經一間便利店，隱約看見H站在裡面，於是就進去，想跟他打個招呼，可是推開人群進入便利店後，又找不到他：「可能認錯人！」我當時心在想。

好菜好酒好朋友，這頓飯吃得很高興，大家打道回府時，已近凌晨一時多了。不知道是不是酒喝多了，總覺得有人跟我同坐一車，可是又看不到有靈體與我同車，我聽到耳邊有人跟我談話，但我又聽不清楚，總之硬是怪怪！

因為這件事，我戒酒了！

回到家梳洗後準備就寢，朦朧中聽到我家的門鈴響起，但真的酒精上腦，感覺很累和有點頭痛，因此沒有起床去應門。沒多久，開鈴再次響起，而且比第一次急速和頻密，實

在很騷擾，我沒辦法不起來去看過究竟。

從防盜眼看出去，是H！

我馬上開門：「為何這麼晚啊！有事嗎？」我甚至忘了懷疑他怎麼會知道我住處。

「有些事情想拜託妳和想跟妳傾談，可以進來嗎？」他好像有心把聲音壓低。

我給他倒了一杯咖啡。「謝謝！很香！」可是他只是嗅聞着那杯咖啡的香氣，而沒有喝到。

我的頭真的很痛，很想睡覺，但我仍撐着。

「到底甚麼事！你面色不太好！」我凝視着他。

「像我這種人，面色通常比較蒼白……」他把聲音壓得更低，而我對這句話是摸不着頭腦。

「我想回家，妳帶我回家吧！」他幽幽的說，而且重覆

了好幾次。

開始覺得心緒不寧，雖然喝了點酒，但又未至於在不清醒的狀態，偷看玄關放鞋的位置，赫然發現他只放了一隻鞋子！

他不是人！

我並不是害怕與與靈體共處一室，只是驚訝為何會找上我和為什麼他會不在人世，才不過三星期前，才有舊同學聚會，大家才高興地吃過午餐！

他好像知道我在想些什麼，然後詳細告訴我他自殺的原因！

「那我如何把你帶回家？為什麼會找上我？」我問它。

「我……我不知道！我真的不知道！」它抱着頭說。

老實說，它甚麼也不知道，那我也不知道應該如何處理！畢竟我不是一個法科師傅。

　　天將亮，它好像也感應到我的煩惱：「我是時候走了，謝謝妳聽我訴苦！」它邊說着邊走到玄關把唯一的鞋子穿上，然後穿過大門離開我家。

　　從此以後，我再沒有見過它了，不知道哪位有緣人可以幫得到它。

Q：只穿一隻鞋，是你眼中所見的靈體特徵。你看到它們有
　　其他特徵嗎？

A：眼珠顏色很淺，鼻子比較扁，有一股腥味！

Case 25

停車場

　　就是覺得不是很對勁，可是，哪裡不對勁，我又說不上來也許是夜深了，才感覺到有點異樣。

　　我的車停在三樓。樓梯很安靜，那麼晚來開車的人，當然不會多，近期治安不是很好，要是樓梯轉角忽然冒出個人來，説不定會嚇一大跳！

　　我正想着，樓梯轉角處，人影一閃，果然轉出一個人來，自然地停了一停，那個從上面走下來的人，也停了一停。一看是一個一臉茫然，年紀很輕的男生，我想他若精神起來的臉，可能很陽光，但這時，看來卻給人恐怖的感覺。

　　不知不覺間作了一個不想看下去的表情，他的身形有點壯碩，想是為了怕我誤會他不是好人，所以他側了側身，讓我先走。

　　那男生的表情很古怪，可能是太疲累，眼裏一點神采也沒有，看着他的時候，目光似是一片木然，雙手交抱在胸前，身子抖了一抖，像是很冷的樣子！

　　「年輕人，你覺得很冷嗎？我圍巾給你吧！」説着我把

156

圍在脖子上的圍巾拿下。

「不用了，謝謝妳！」他道謝後就垂下頭，望向地下，當我從新把圍巾套上的時候，赫然發現……他只穿一只鞋子！

他是個鬼魂！

我不想理會太多鬼界的事情，所以急步地提起我的工作箱離開，想盡快離開。

「可以幫一幫我嗎？」他低聲而溫文儒雅地說。

我並沒有回應，只想趕快離開，可是好像走來行走去也走不出那條樓梯！

「我求了很多次，可是他們都聽不到，求你幫幫我……」他急得哭起來。

無可奈何之下，只好答應：「你先告訴我，但未必一定可以辦到。」我拿出筆記本和筆，將他跟我說的話一一記下。

忽然覺得，那男生的臉很熟，像在那裡見過……記不起！

回到地面，兩個停車場的管理員，手拿電筒走了過來：「小姐，沒事吧？我們在閉路電視上，一直看到妳在樓梯上上下下……還是快點離開吧！這停車場不乾淨，前些日子，一個年輕人在這裡出事，他老是回來，有時候，會讓人感到陰風陣陣，遍體生寒，有時，也會有人見到他，滿身是血！」

噢！我……我想起來了！

香港「反送中」運動自2019年6月開始，自9月初起，全城不明自殺、浮屍案情顯著增加。香港警方去年11月聲明，2019年6-9月發現自殺案256起，年增34起，送院前後離世的非正常死亡案例2537起，年增311起。

「那個女人」

2020年2月5日,看見朋友在臉書上出了一個貼子,痛罵把香港搞得滿城風雨的「那個女人」一頓,懷疑她是否因為有靈體附身才會做出喪盡天良的行為。

我知道「那個女人」已讓他已經忍無可忍,因為我從未見過他在臉書出這類貼子,忍不住打電話告訴他,我曾經所看到的。

老實說,我對「那個女人」並沒有好感,連她的尊容也不想看到,每當有她出現的時候,我都不會看電視畫面,純粹地聽她在說廢話。

2019年11月的某天,我由家中廚房走出客廳,眼角看到「那個女人」又在電視上發表偉論了,那煩厭的程度,簡直令我……慢着,有點古怪。

「不需要那麼多貼身保鑣吧!」

我看見她的背後站着很多穿黑衣的人,但面目模糊。

我好奇地往前看清楚,天呀!

　　那些「貼身保鑣」除了身穿黑色衣服外，還有穿T恤、牛仔褲的、有滿身濕透的、有的頭部還側向了一邊！當中有一位少女身型、只有她那對大眼睛比較清晰……我記得那位少女！

　　那位無辜地飄流在海上，全身赤裸的少女！

　　我確定從電視上看到的全是鬼魂！一群為抗爭而犧牲的人！不禁流下眼淚，我主動嘗試跟他們作出交流：「你們跟著她做什麼呢？有什麼事可以幫忙？」

　　「妳不用理我們，只要大家集氣，就會成功！」其中幾位靈體回應我。

　　我百思不解：「究竟是誰集氣？為什麼要集氣？」可惜等了很久，他們並沒有再回應。

　　自此以後，凡有「那個女人」出現在電視，我就一反常態地去看看，究竟還有沒有靈體跟著她，結果我發現越來越多，弄得畫面顯示快變成全黑，人數之多，可想而知。

過了不久，外界傳出她患癌的消息，不知道是不是多人/鬼集氣去詛咒她所致。

借用我朋友的一句說話：別讓鬼魅纏身，唯有磊落做人！正所謂，冤有頭 債有主⋯⋯

Q：你怎樣跟電視上的靈體交感？要直播節目才辦得到嗎？

A：控制不了啊！重播也行的！

Case 27

貓頭鷹

　　記得以前跟同事出差到大陸，那些工廠老闆都會對我們從香港去的商家有很好招呼，希望爭取更多的生意，而印象最深刻，可以說是帶我們去野味店！那超恐佈的菜餚令我至今難忘。

　　那晚，我們只吃了些白飯和菜心。

　　當我看到那隻貓頭鷹的時候，是在一家飯店的廚房旁邊，通往洗手間的地方，在那地方，堆着幾個籠子，放着十幾隻烏龜，有一個籠子裏，放着一隻果子狸。另一個籠子，關着一條穿山甲。在最上面那個籠子裏的，是一隻貓頭鷹。當我經過的時候，那貓頭鷹忽然振動了一下翅膀，發出了一下令人毛骨悚然的叫聲，嚇了我一大跳。

　　我在想：「在西方，貓頭鷹那種深不可測的眼神，被當作是智慧的象徵，彷彿地的眼睛，可以看穿世上一切的神秘。而在中國人的傳說中，這種看了令人不寒而慄的眼神，就被當作邪惡的象徵，尤其在中國北方，被稱為夜貓子的貓頭鷹，簡直就是一種凶兆，和吉祥全然無緣。」

　　我回到席間，一共八人，都是相熟的工廠老闆，我也講

起了剛才所看到的，於是大家就七咀八舌地談論起來。

　　A老闆：「嘿，看起來這家新的野味酒家，真是貨真價實，要甚麼有甚麼！」

　　B老闆：「人也真是，甚麼不好吃，連貓頭鷹都吃！」

　　C老闆：「補啊！人家說用貓頭鷹燉枸杞，補眼補腦，去頭風，明目！」

　　D老闆：「說不定可以補成夜眼，能在暗中視物。我們點了菜沒有？」

　　E老闆：「已經點了。還有一說是，如果把貓頭鷹的眼珠挖出來，浸在牠自己的血液裏，浸上七天，就會變得像兩個玻璃球一樣，把牠放在眼前，到了每晚十二時，就可以透過它，看到鬼！」

　　E老闆說得一本正經，平時他也以見識廣著稱，聽到那麼奇妙，一時之間，人人都有一種怪異感，靜了下來。

過了片刻，我搖頭說：「這種傳說，當然靠不住！」

E老闆有點不以為然：「何以見得？」

我揮着手，加強了說話的語氣：「貓頭鷹又不是甚麼稀有的東西，但鬼魂卻是自古以來人人都想解開的謎，要是真的那麼容易就可以讓人見到鬼，誰都可以去試試！」

E老闆大為反感，全反映到表情上：「妳聽清楚沒有？要把眼珠浸在血液裏七天！七天要保持血液不壞不臭，又不凝結，那是談何容易！」

我有在爭辯中有著不肯輕易停止的脾氣：「在古代，或許不能，現在，十分容易，醫院血庫內的血，甚至可以保持三十天新鮮！」

E老闆的聲調提高：「那是人血，不是貓頭鷹的血！」

我的聲線也提高：「人血有辦法保持新鮮，貓頭鷹的血也一樣有辦法！」

　　其餘的人看到我們愈說愈認真，一個連忙打圓場：「傳說呢，總有一點道理的，或許，把眼珠浸在血液中的時候，還需要唸些咒語，施點法術，這才有效。」

　　另外幾個人一起笑了起來：「誰知道！」

　　氣氛緩和了下來，恰好在這時候，侍者走進來，E老闆忽然問：「我們點了燉貓頭鷹，就是外面籠子中的那一隻？」

　　侍者笑着解釋：「當然不是，是昨晚殺的，要燉一天一夜才夠火候！」

　　E老闆又問：「那麼這一隻……」

　　侍者作了個手勢：「再晚一點，廚房沒那麼忙，就會殺！」

　　E老闆問到這裏，已經有人向他笑說：「不是嘛？真想把貓頭鷹的眼珠弄回去？」他深深地吸了一口氣：「是！」然後轉向侍者：「請你的經理來，我有事和他商量！」

　　經理很快來到，笑容滿面。E老闆提出要求：「我買下那隻貓頭鷹，請殺牠的人，保留血液，一點也不要浪費，用一隻瓶子裝起來，再把眼珠挖出來，不能有損壞，放在血液裏面，我另有打賞！」

　　經理聽了後，神情古怪，陪着笑：「這……有甚麼用處？聽起來……好像很恐怖！」

　　我轟然大笑，指着E老闆：「是他說的，七天之後，就可以透過那對貓頭鷹眼珠見到鬼！」

　　經理也陪着笑，可是看到其他人的面色和神情，都不怎麼好看，所以只是乾笑了幾聲：「好！好！你怎麼說，我怎麼辦！」

　　這頓飯，有點氣氛不佳，雖然大家相熟，但話也變得不多了，自然也散得早。

　　離開飯店的時候，經理把一個瓦罐和一張帳單交給E老闆，他付了帳，打開瓦罐看看，我在旁邊感到一陣異樣的嘔心。

　　嘔心不單只來自那一股血腥味，也來自看到那種奇詭的景象：一罐動物血，本來不算甚麼，可是在血紅的、已半凝結的血上，半浮着兩粒眼球，和那貓頭鷹活着的時候，看來竟然沒有甚麼兩樣，一樣閃着綠黝黝的光芒。

　　估不到E老闆如此認真，我也無話可說，只好跟他們在飯店前道別，返回酒店，預備明天回香港。

　　一個星期後，我在公司收到B老闆的電話：「E老闆死了！」

　　「發生甚麼事？怎麼如此突然？」我感到非常吃驚。

　　「那晚妳們離開返酒店後，他立即到了一家醫院，因他認識好幾個醫生，說要拜託他們，保存那罐鮮血，七天後再來取。

　　奇怪的是，據他的妻子所說，從那晚開始，他就心神不定，坐立不安，在他周圍的人，都看出這一點，紛紛勸說他結束這件無稽的事，但強烈的好奇心卻又使他繼續下去。

　　第七天，他把那罐血拿回家，揭開罐子，他和妻子都看到那一對貓頭鷹的眼珠，如他自己所說，幾乎變成了透明，閃耀出光芒，也更妖異。妻子叫他把那如此嘔心的東西丟掉，可是他像聽不見，他小心翼翼地把它們取出來，放在桌上，眼珠上一絲血都沒黏着，他湊眼去看，說看不到甚麼，並且自言自語地對『對，要在半夜十二時，才能見到鬼』！

　　天黑之際，時間慢慢接近午夜，他的妻子見如此緊張，就伸手去握着他，感覺得到自己丈夫緊張得手心冒汗，目不轉睛地盯着桌上的那對貓頭鷹眼珠。

　　在午夜十二時，他把自己的眼睛湊近去，睜得老大。一分鐘之後，他說看到了影像，一個人，像照鏡子一樣，看到了自己！

　　之後發出一下慘叫聲，昏倒在桌上。

　　醫生說死亡的原因是：極度驚恐致心臟病發作。」B老闆一口氣詳細地說。

　　我和同事聽後呆若木雞，不懂得如何去應對。

Case 28

髮

　　今天上髮型屋整理頭髮，讓我想起兩件關於頭髮的靈異事件。

　　朋友G為了迎合男朋友對長髮的偏好，因此決定去做頭髮接駁。她查詢了很多家髮型屋，發現價錢都超出預算，所以非常懊惱。

　　皇天不負有心人，她終於找到一間專門做頭髮接駁的小店，價錢非常相宜，除了有很多不同長度的頭髮可以選擇之外，最吸引她的，是該小店保證只用真頭髮。

　　利用真頭髮和假頭髮去接駁的分別，在於光度與質感，假的在接駁後，在燈光下會出現反光，感覺很不自然，不能融入真頭髮之中；而假頭髮的成份是尼龍，因此比較重，接駁後令本身的頭髮造成負擔，很容產生脫髮問題。

　　那天，用了三個小時，坐得她整個人酸痛無比，但可以換來一頭長入腰際的頭髮，整個人飄逸起來，感覺興奮非常。回家後，男朋友對她的稱讚，更是史無前例的，令她感到呆坐三小時都是值得的。

可是有一天……

「我的頭髮在接駁後，出了點問題！」她在電話的另一端在飲泣着。

「打結？脫髮？」我在猜想說。

「不是，自從做了頭髮接駁後，我每一晚都在做惡夢！夢見有不同的人，都是沒有頭髮，向我討頭髮！而且……」她吞吞吐吐地道。

「而且甚麼？快說！」我開始不耐煩。

「而且我的頭髮有一陣屍臭味，無論洗多少次，用甚麼洗髮產品，灑多少香水，都脫不掉那種教人嘔心的味道！連上班也要束起頭髮和戴上帽子！」她說。

我當然知道是甚麼原因，是真頭髮從哪裏來！但我不想把她嚇壞：「把那接駁的頭髮拆掉！不是人人也適合接駁頭髮！」

　　隔天，她就去把那接駁頭髮拆了，跟着所有事情回復正常。記着，接駁頭髮是可以的，但千萬要去信譽良好的店和別貪便宜啊！

　　另一個朋友H，很喜歡戴假髮，因為覺得很方便，可以隨時改變髮型。有一天，她在網上商店看中了一個假髮。

　　越看越喜歡，就不加思索的就把它買下來。等了一個星期，那個假髮終於到手，戴在頭上，真的美得令人窒息……這個，純粹她自己認為。

　　但朋友們看在眼裏，可不是這樣，那個假髮有種不敢正視的恐怖感覺，但又說不出原因。

　　最終她經不起我們的投訴，把那假髮丟掉。

　　朋友B說，某些國家在火葬場工作的工人，會在棺木等待進入火化爐的時候，偷偷打開棺木，把陪葬品偷去變賣，從中獲利。而陪葬品當中，包羅萬有，其中包括……假髮！

Case 29

罪孽

今天看着鄰居搬家，教我想起跟他們之前的一段往事。

王太太一家四口，給我的印象很好。有二個兒子，她是一位家庭主婦，王先生則是一個貿易公司的老闆，廠房在大陸，因此經常要中港兩地跑。

那晚我回家，下車時剛巧碰到王先生也駕着他的中港私家車回家，我赫然看到有一個長頭髮，衣衫不整的女靈體，坐在他的車頂上！面色蒼白，口角和額角正流着血，場面嚇人。

但畢竟與我無關，故就不了了之，沒有把事情告訴他們夫婦。

有一個黃昏，我上天台收起早上晾曬的衣服，剛巧王先生正在他家的天台抽煙，我見他面色凝重，像有心事，他跟我打了個招呼，然後下樓去，這下子我覺得很奇怪，因為平常王先生，見到我除了會跟我打招呼之外，也會跟我閒聊一下，從來沒有像今次那樣。

當天晚上，正在預備吃晚飯的時候，忽然聽到外面傳來

救護車的鳴笛聲，打開大門看看，原來是王太太召喚救護車把王先生送去醫院！我不知道王先生是什麼病，只見他半躺在擔架床上，向前彎起腰，面帶痛苦表情。

最詭異的是，我也見到那一次坐在王先生坐駕車頂上的女靈體，正看着王先生幽幽的笑，並跟隨着一起上了救護車。我心想：「嗯，事情並不簡單！」

又過了一陣子，我碰見王太太：「王先生出院了嗎？沒有什麼事情吧？」

王太太欲言又止：「進來我家喝杯咖啡！」

她沖了香噴噴的咖啡並拿到客廳坐在我旁邊：「這段期間我的壓力很大……」王太太哭了出來。

我遞上紙巾：「哭出來會舒服一點，哭吧！」

「我先生自從上次從大陸返家後，就得了一個怪病，連醫生也不知該如何處理，現在只能給止痛藥和抗生素！他……他那性器官不知感染了什麼菌，一直脫皮，就好像曬

傷了脫皮一樣，現剩下一條肉似的……！」

噢！我的天！可以想到有多痛！

我安慰了王太太好一會兒，然後返回自己的家，我在想：「會跟那個女靈體有關係嗎？」

那一個晚上，我如常把垃圾拿出屋外的垃圾桶，回頭看到就見到那女靈體站在我家門前，並用不友善的目光看着我：「妳最好別多管閒事！」

我就火起了：「我要多管閒事的話，就一早管了，妳最好別用這態度！」

它呆了一呆並垂下頭。我趁機會問它：「妳為何要把王先生弄成這樣？他現在生不如死！」

它迅即抬頭向我咆哮：「他生不如死？是他活該的！我給他們輪姦的時候也生不如死！！我要他們賠命來！」

我十分驚訝，平常的王先生給我的印象就是彬彬有禮

的，怎麼會牽涉輪姦案件當中？

　　但我始終不是警察，也沒有意思去干涉，所以我就一聲不響返回自己的屋子內。

　　又過了一陣子，王太太跟我說要移民去：「香港的醫生已經找了很多位，但也醫不好我先生，所以我們決定去美國那邊，碰一碰運氣，那邊的醫療技術比香港好……」

　　我其實想告訴王太太，無論去到哪裏也一樣，王先生還是要清還他的罪孽……

Case 30

懷孕

大家相信動物有靈魂嗎？

朋友需要出差一個月，問我可不可以幫他照顧他的貓，幫他餵飼，我當然義不容辭，反正我有空，大家又住在附近，尤其是他養的是黑貓。

我愛貓，特別是黑貓，愛牠有一種神秘和型格的感覺，特別是在黑暗中……

我如常地上去朋友家照顧黑貓，但從那天開始牠就很古怪，老是喵喵叫，但我已經照足朋友吩咐，每天飼三餐貓罐頭，另加乾糧隨牠吃，照道理不應該會肚子餓，所以我不知道牠究竟喵什麼。

另外就是，牠又常常專注地看着牆角，好像發現什麼似的。剛開始我以為牠看到靈體，可是我又完全看不到有什麼奇怪的東西在朋友家，於是排除了這個可能性，畢竟動物的行為模式，我們人類知道的並不多。

有一個晚上，我上去餵飼和清潔後，累極之下就在沙發上倒頭大睡，朦朧之中，我聽見很嘈吵的聲音，像是有兩

頭貓跳來跳去似的，我勉強掙開眼睛一看，見到有一頭白貓……對，是一頭雪白的長毛波斯貓。牠倆一時在在追追逐逐，非常興奮；一時在互相為大家舔毛，相當溫馨。

我以為自己在發夢，別過頭又再睡。

一覺醒來已經是清晨，突然覺得呼吸困難，

哈！原來黑貓睡在我身上，不想弄醒牠，那只好默默地躺着，回想昨晚做過的夢。

沒多久黑貓睡醒，嚷著叫我開罐頭給牠吃……這時我赫然發現地上出現許多白毛，我沒有眼花？！為什麼會有白色的毛？

於是我把地上的毛掃起來，真的，是一大堆白色的毛，我馬上想到昨晚的夢，也聯想到動物靈這回事，但我朋友從沒有飼養過白色的貓，那貓靈從那裏來？我找不到頭緒。

一星期過去，朋友出差歸來，我也功成身退。

時間過得很快一個多月後……

「在我出差的那個星期，妳有把貓帶出去嗎？」有一天朋友致電給我。

「當然沒有，貓不像狗，不用外出的！」我輕描淡寫的說。

「那……有給其他的貓進來嗎？」朋友用非常疑惑的語氣問我。

這時的我有點生氣：「沒有啊！我怎會把其他陌生的貓放進你屋子裡！你到底懷疑我什麼？」

「對不起，我語氣大了點……但……但黑貓懷孕了！！我見牠肚子漲漲的，於是帶牠去看獸醫，醫生居然說牠懷孕了！！」他驚訝地說，而我也不懂得回應。

「那……你打算怎辦？」我壓着驚訝的感覺問他。

「嗯，反正都是生命，待牠生產後再想！」朋友說。

我想起「夢」見白貓和發現白毛這件事，於是詳細告訴給他。

「不要嚇我，我鄰居有飼養白色長毛波斯貓，牠的主人時常帶牠過來我家和黑貓一起玩，可是牠在我出差前兩星期已經老死了！」

黑貓後來誕下四頭小貓，二頭是白色長毛混種貓；另外二頭是黑白色的……究竟黑貓怎麼懷孕的？

Case 31

依依不捨

「星期四、五有空嗎？」朋友K說。

「有呀！什麼事？」我回應。

「我想拍一條有關殯葬禮儀的記錄片，由領遺體到去火化……」K講了快一千字在解釋記錄片的內容。

「我只能跟你去拍攝接領遺體那一部分……」一萬個不情願，但答應了還是要去。

一早到達醫院的殮房，準備跟家屬一起接領遺體，在門外我已經見到一大堆靈體在嗅著香燭，什麼類型也有，有些沒有手腳，有些身體扁平，我想這些靈體在生時是發生意外吧。

進入辦公室後，感覺裡面很寧靜，很安祥，沒有想像中的可怕。我和朋友坐在沙發拍攝著：「請家屬來認一下亡者！」禮儀師生哥說。

當我準備從沙發站起來，赫然發現那位亡者跟四位老人家靈體一起跟著家屬去認領自己的遺體！

「我很不捨得自己的太太，這四位是我的祖先！」它突然向我說明。

然後我們跟著家屬去認領遺體，一看！就是剛才跟我說話的那位先生！

我已經不知如何是好！告訴它的太太嗎？人家以為我精神病……不說嗎？就好像了結不了那先生的心願，真兩難。

這是我第一次進行這種另類的拍攝現場，比想像中感覺良好。雖然我沒有到靈堂，但朋友K還是把片子發給我看。我感應到那位亡者說「香火不夠」，於是就跟禮儀師生哥說。

「當然啦！家屬燒香火燒得太慢了，旁邊還有幾箱紙錢未燒呢！」生哥說。

這也算是可以映證燒紙錢的重要性吧！

Case 32

單車

某一個晚上，沒有月亮的光芒，顯得特別昏暗。

我如常去餵流浪貓，然後去跑一圈再回頭處理餵貓的塑膠盒。正當我蹲下收拾的時候，就見到遠處有一輛單車緩緩向我駛近。

由於光線不足，我只能看見他手拿一袋東西，我估計是附近的鄰居外帶便當回家之類，所以我並沒有理他，繼續埋頭收拾。

突然感覺到他把單車停在我的旁邊，於是抬頭一看，首先看到那袋便當……但天呀！原來不是什麼便當，而是一個紙紮的人頭！我再向上一望，原來他根本並沒有頭！

那突如其來的畫面嚇得我跌坐在地上！

「嘻嘻！妳嚇壞了嗎？」那無頭人跟我說後，慢慢把單車駛開，直到消失。

　　很明顯他是想把我嚇倒，並沒有什麼惡意，話說回來，我經常遇到這類靈體，突然的出現，用最恐怖的樣貌，雖說我已經習慣了，但突如其來的驚嚇我還是無法習慣。

Case 33

沙嶺公墓

　　T2009151、T2014240……一個個曾經真實地活著、有名有姓的人，撒手人寰後，因遺體無人認領，只能化作一串如同囚犯編號的數字，墓碑上沒有照片、也沒有性別、沒有名字，更重要的是，沒有親人、摯友陪他們走過最後一段路、數不盡的無主孤魂長埋沙嶺黃土。

　　七年過後，每年數以百計的遺體會被撿骨、火化。這一刻，一眾無主孤魂，連僅有的號碼也會失去，所有骨灰會集中混葬在一個面積只約四呎、只以年份為單位的墓碑下，從此結伴長眠……在沙嶺公墓中，連鮮花和香燭也是稀有品，陪伴他們的，只有婆娑樹影和一群渴望遇到血肉之軀的蚊。

　　沙嶺公墓位處新界文錦渡附近，是一個政府專為無人認領屍體而設的墳地，只見眼前盡是一片青蔥草綠的山頭，一塊又一塊小石碑歪歪斜斜的插在泥土中，冰冷的灰色石塊上，沒有名字，也沒有遺照，只有一組號碼，代表死亡年份及下葬的次序，連是男是女亦無從得知。

　　下葬時會有超渡儀式嗎？完全沒有，棺木也是政府的標準款式，總之這裡就是接收遺體，然後落葬，相比殯儀館內繁複的儀式，這裡的身後事簡單得多，也落寞得多。這裡每年只

有約十具遺體被人認領，若七年內有家屬認領遺體，選擇重新安葬或留在原地，政府亦需向他們收回殮葬費。在沙嶺公墓，只有冷冰冰的程序，沒有一點多餘的關懷。

於幾年前犧牲生命枉死者也下葬在此。為什麼如此肯定？因為我和一些靈能者也感應得到它們的蹤跡，總數超過兩百位。

今年的鬼月，我跟一大班朋友到此處進行普渡，為犧牲生命者送上一點心意。

那晚到沙嶺公墓，一下車已經感到陰風陣陣，怨念彌漫在四周；偶爾也聽到一些不知道是動物還是靈界的哀嚎，實在不寒而慄！沿路一直都有很多靈體向我們討吃或有所要求，場面令人心酸。

終於到達墳地，我們放好祭品，待一些法師誦經儀式後，我們就開始焚燒祭品衣包，除了一些年長的靈體，也有很多年輕人的靈體，它們大多數都穿上黑色的衣服；有些是赤身露體；也有些是全身濕透，我覺得很奇怪，於是企圖跟其中一位靈體交感。等了好一會，終於有一位年輕的男生靈

體願意跟我交談。

「你是怎麼死的呢？為什麼會在這裡？」我開門見山地說。

「我只記得被人打至重傷昏迷，然後醒來就發現自己在海邊，再然後……已經在這裡了，我明明有家人的啊……」它不由自主地哭了起來。

我鼻子一酸：「我們除了做超渡法事給你，還有什麼能幫忙的嗎？」

「我想回家，我明明有家人，不明白為何在這些地方？你可以通知我家人來帶我走嗎？」它向我重複了好幾次這句話。

「那麼你可以給我一些資料嗎？名字、地址或電話號碼吧！」我拿出手機準備記下來。

它在沉思中……

「我……我想不起來啊！」它抱著頭大叫起來。

「你再慢慢想，不用著急。」我安慰它。就這樣，我和它對望了十分鐘：「我先去幫忙燒祭品衣包，你先在這慢慢想吧！」

在燒祭品衣包期間，我見到群鬼出動，因為一直以來都沒有人到這裡做大型的超渡法事，它們餓得發慌，我看得心中發麻。但奇怪地那些比較年輕的靈體則站在原地不動，似並未接受已經死去的事實，幽幽的，可是它們又不肯和我們交感。

大約一小時後，我再到那年輕男生旁邊：「想到了嗎？」

「沒有……沒有想到。」它急得流下眼淚。

老實說，如果什麼資料也沒有，我根本什麼也幫不上，為免它失望，也免得它跟著我，於是我答應它，下次重陽節的法會，我會再來，它可以有時間慢慢地想。

希望它到時能記起吧！

Case 34

六壬見聞

　　已經研習法科差不多二年了，起初我是拜入茅山門下，但基於某些原因，我只學了半年就斬教（即脫離此教），沉澱了大約一個月，突然有把聲音不停的說：「妳是侯再出發，去研習法科了！」我並不知道「它」究竟是誰，只感應到該股溫柔及平和的能量，那我就知道適當的時間到了。

　　當我仍在煩惱該找個怎麼樣的師傅，該找哪個教派的時候，因緣巧合，其中一位以前一起在研習茅山的師姐找我，說她已改拜入六壬門下，而且師傅亦很好，該師傅姓張，所以想邀請我去了解一下。

　　我應約到張師傅的壇，那一天是初一，他們正準備請神和拜神儀式。一到步，我就感應到壇內的氣場跟壇外完全不一樣，非常安靜及平和，即使壇內已經有十多位弟子，但完全沒有侷促不安的感覺！我全程默默地凝視著壇內的一切、張師傅請神的細節等，畢竟「一朝被蛇咬，十年怕草繩」，我這一次特別謹慎。

　　當張師傅帶領所有徒弟念「請神咒」的途中，我親眼目睹一個又一個古裝扮相的「人」，由四方八面顯現出來！我的心在狂跳「究竟發生什麼事？」「天啊！他們究竟是何方

神聖？」。他們好像看穿了我的疑問並告訴我不用驚慌！但老實說，不驚慌就是假的，我從沒有見過如此「大場面」！但驚慌還驚慌，不安全感倒是沒有的，還感覺到一份前所未有的放鬆感。

突然他們都轉身面向我，然後雙手合十並一一告知我他們究竟是誰！但為數不少，而且他們的名字對我來說都非常陌生，我的腦袋實在記不住，只有呆呆的坐在沙發上，雙手合十。

此事令我疑惑了數天，因為實在太不可思議！

又過了一個月，我決定自己再到該壇一趟。那天張師傅正忙於處理善信們的事情，他吩咐我先去壇前上香，當我完成上香參拜後，奇妙的事情發生了，耳邊傳來數把聲音說：「就是這個地方了！」，然後我的身體竟然不由自主的擺動起來！這個經驗我在以前茅山教派操僮的時候就試過！大約二、三分鐘後擺動就停止了！我知道張師傅全部都看在眼裡，但他並沒有對我說些什麼，自顧自地替善信們處理事情。

我再想了一段時間，既然如此多巧合，我不如就拜入六壬門下吧！但我當下有一個非常現實的問題：究竟要拜張師傅為師，過教費用要多少？因為以我所知，所有的師傅收費標準並不一。於是我直接向張師傅查問，他卻非常奇怪的反問我：「為什麼拜師要收取過教費用？我收徒以來從沒有這個想法！」「那拜師之後會再收其他費用嗎？」

我仍舊是那一句「一朝被蛇咬，十年怕草繩」！哈！

張師傅告訴我：「我不會收弟子任何費用，香油則隨意，但拜神儀式的供品就要徒弟各人自己負責了！」

就這樣，我就拜入六任門下　，成為張師傅其中一名弟子了。

時光流逝，轉眼我拜入六壬門下已經一年了，亦有很多學習和實踐機會，這方面我非常之感恩。

在我的師兄弟當中，奇人異士有很多，畢竟張師傅有四百多位徒弟啊！我先想介紹其中一位，他就是我們的大師兄。

大師兄已經跟隨張師傅的時間最久，而且已經通過最高級別的「師傅教」，理應他是可以自立門戶，可是他卻選擇默默跟隨張師傅，閒時就返壇替我們及善信做加持和處理法科問題，這方面真的蠻好。

好了，現在告訴各位大師兄的奇幻功能，可能大家會懷疑真實性，但我陶貓貓保證，絕對真人真事，絕沒有加調味料。

有一天我返壇請神，大師兄也在場，老實說我並非經常都遇上他，因為我們上壇的日子通常都會不同，要遇上他確實要點運氣。（一笑）難得的機會我一定不會放過，於是膽粗粗上前請他幫我加持。

我：「大師兄，可以幫我加持一下嗎？」

「當然可以啊！妳先坐下！」他溫柔的説。

但當我一坐下，他突然用非常肯定的語氣跟我說：「嗯，妳亦有研習西方靈學，我看見妳頭頂有一粒五芒星！但不用擔心，跟我們法科並沒有抵觸，專心去鑽研吧！妳有的是天賦，

不要浪費啊！」

　　說畢就為我加持了。但大師兄並沒有見到我目定口呆的樣子！因為我從來沒有告訴壇內各師兄弟我懂得運用西方靈學上的知識，而大師兄也不會知道我有天賦功能！這令我感到非常驚訝！

　　另一次，又在壇上遇到大師兄了，我還是老樣子的不放過請他加持的機會。那天他坐在壇外的走廊吃著燒肉和雞肉，而他並不知道我在壇內，當我步出壇外正想開口說話之際，他竟然比我快開口：「貓貓，找我加持嗎？待我把東西吃完才做吧！」

　　我：「大師兄，你從何得知是我想找你？」

　　「我感到到妳那一股強烈的能量啊！熱熱的！」他一直低著頭吃東西。

　　待他把東西吃完後：「妳有拜狐仙嗎？」

　　我：「沒有啊！」

「那為何在妳眉心有一隻狐狸？」說畢他隨即在我的眉心按壓，然後在手指離開那一剎那，我感到有一種「東西」隨著他的手指被抽了出來！

我很疑惑。

在大師兄幫我加持的途中，我突然間想起：「大師兄，我昨天去替客人做靈氣治療，她的家是拜狐仙的！」

「現在沒事了，以後再去就先稟請師公（師公，簡單的說，即是我的守護神/仙），得到保護後才去，知道嘛！」他再三叮囑我。

另一次是最近發生，比較驚嚇。那天也是請神的日子，有一位師姐拉著大師兄細言，然後大師兄就叫她進壇上香參拜。而張師傅則在壇外的走廊替其他師兄弟處理事情。只見大師兄向著該師姐念起咒來，然後她的口中突然發出令人毛骨悚然的叫聲：「嗚～嗚～嗚～」！雙手提起，十隻手指縮起如像獸爪狀！

師傅說：「嗯！鬼附身啊！」

　　大師兄繼續念咒並用劍指對該師姐寫起符來！不一會，所有事情好像什麼也沒也發生過，回歸平靜。

　　其實師傅、大師兄、和其他師兄弟（當然包括本貓）也有很多靈異奇怪的遭遇（指在研習法科），待日後有機會再一一告知大家。

連結神明

　　前陣子本貓身體抱恙，因此停止接收和協助去解決讀者們及朋友們的靈異事件查詢，希望可以好好休息並清空一下自己的腦袋，連本來已經答應了總編在2022年的書展前交另一本全新題材的稿子給他也要暫且放下，貓實在過意不去。但過了一段頗長時間的休養，本貓的精神和能量已經回復正常，可以又開始我的日常運作了。

　　有一天貓外出工作完畢，正在享受下午茶的時候，浩師兄（我有在本網台「遊花園」的節目「異域」中專訪過他，他的靈異經歷也不少啊！大家有興趣的話可以去看看。對不起啊老總，容許我在此打廣告！）突然發了一個短訊給我：「貓貓，要煩一煩妳，我有一個朋友現在很慘，想找妳問一問！」

　　單從文字中，我完全感覺到師兄那份很著急的心情。

　　「可以啊！我五分鐘後再找你！」想必一定很嚴重，於是我急急把那杯咖啡倒進肚子，然後匆忙地跑回工作室。

　　「有什麼事啊師兄？」我回覆。

「因為我朋友的孩子剛剛出生後不久，太太就離開人世了，一句說話也沒有留下！而且那孩子並不足月，體重只有兩磅半！可以給他妻子的相片，妳去問問她有什麼需要嗎？」師兄說。

「什麼？可以可以，我馬上做！給我相片和詳細資料吧！」我不敢怠慢。

兩分鐘後他就把我所需要的資料傳了給我。「最重要是問她有什麼需要和有什麼心願未了！」師兄吩咐我。

我開始跟「她」作出連結，沒想到多久，我成功跟「她」的靈體連結上。

「對不起打擾了妳，請問妳現在過得怎麼樣啊？我是代妳丈夫查問一下妳有什麼需要和心願未了，我會代為告知他的。」

先傳來陣陣哭聲，感覺得到「她」很淒涼傷心。

不久，「她」緩緩地吐出字句，非常確實並肯定的字

句：「我什麼也不要，我只要帶走我的孩子！」

　　我已經不是第一次跟這類怨靈「交手」，於是就用慣常的處理手法 ── 跟「她」討價還價！「放下吧！」「念經給妳好嗎？」「給妳做一場法事好嗎？」「請法師跟妳做封棺說法好嗎？」「妳也想孩子生活愉快啦！」

　　「她」全都拒絕，不停只重複那句說話：「我什麼也不要，我只要帶走我的孩子！」

　　軟功不能就改用硬功！「妳再冥頑不靈，不怕被師傅把魂魄收了嗎？」「妳不怕犯業不能投胎嗎？」「妳不怕即使帶走孩子，妳倆也見不到面嗎？」「妳忍心看到孩子也不能投胎嗎？」

　　「她」這次拒絕給我任何回應。於是我暫且放下，中斷和「她」的連結，再將對話內容告知師兄。

　　「不會吧？她生前很好人，做很多善事的啊！」師兄非常驚訝「她」有如此行徑！「妳再跟她說她的丈夫也很辛苦，要照顧她倆的孩子，請她放下，給孩子一個機會！也可

告訴她將來會帶孩子去靈位拜祭她，而她也可以經常回家探望孩子！妳告訴她，她的丈夫也很傷心，如果連孩子也離開，他就會崩潰！」

「好，我再試試！不過，但凡帶著怨念離開的人，無論生前是個怎麼樣的大善人都好，死後都會帶著這個執念，變得固執，不可理喻……」

我再度跟「她」連結起來，再一次跟「她」談判，這一次「她」並沒有用哭著的聲線回應，而是用極度兇惡的語氣說：「我再說一次！我-什-麼-也-不-要！我-只-要-帶-走-我-的-孩-子！」

為免再令「她」發怒，我再次中斷連結。

「師兄，不如我嘗試連結地藏菩薩，看看祂能否幫忙向她說法？我工作室有供奉的！」我提議。

「也好！噢不！我想起來了，她生前已經跟觀音大使上契！」師兄像如夢初醒。

「那麼就容易辦得多了，工作室也有供奉，可以嘗試改為連結大使！」我說。

之後嘗試連結並且成功。我向大使稟請，祂馬上答應向「她」說法和導化「她」放下，離苦得樂！但是要我和師兄去配合念五遍「觀世音菩薩普門品」並要「她」的丈夫代「她」做些善事。

因為此事實在太悲慘，所以我也私人答應大使從此戒吃奶類製品（本貓是持蛋奶素的）以表誠意。

萬物必有終。我和師兄終於都完成此事。「她」亦答應跟隨大使修行，向離苦得樂的彼岸進發。

「現在還可以跟她談一談嗎？」師兄問。

「可以，但要快！」

「問她記不記得買了多少份保險？」

「她說二份有受益人，另外有三至四份沒有寫受益人！」

「那再問問她，因為她姊姊說要四成的保險金分給母親，妳問她好不好？」

「她說不好，因為母親有家人照顧，保險金全數留給孩子！」

「好！我通知她的丈夫，再問問她日後是否需要帶同孩子去靈位拜祭她？」

「她說千萬不要太早帶同孩子去拜祭她，怕自己再次放不下……」

我聽到「她」這樣說，突然鼻子一酸，流起淚來。

「那麼，最後一個問題，她需要什麼嗎？」

「她說只要孩子記住媽媽就可以了，不需要給她什麼，沒有什麼特別需要，身後事全交由丈夫去決定！還有，拜祭時要用素食，因為她已經追隨觀音大使！」

發訊息給師兄到此，我已經哭了出來。

　　走筆至此，大家也許會覺得「太誇張了吧！」「單憑妳陶貓貓就可以跟神明連結？」「別再妖言惑眾！」即使你／妳不相信也好，事實始終是事實，我沒有多餘的精神去編造故事。但當然我並非每一次都可以成功跟神明連結，或跟每一位的神明作出連結，這全依靠問事者及亡者的運氣及對該神明是否有緣份了。

後記

　　晚上十一時，我呷著一杯威士忌，聽著林家謙的唱片，細想這兩年的點滴。

　　已經差不多兩年沒有出版新作品了，不是再沒有靈異經歷或放棄了寫作，而是精神上有點兒抱恙，在這段休養生息的日子，其實全新作品仍然在進行中，只是略為放慢而已。在此再次感謝出版社的體諒。

　　不妨向大家透露一下，新作品的題材是有關於我的多年信仰－日本神道教！此信仰或許對大家來說比較陌生，固此當老總向我提出這個方案時，二話不說就答應了，因為心底裡也希望各位能透過本貓的認知，去揭開神道的神秘面紗。

　　現在貓答應大家，此本新作品必定會於2022年內面世，記得等我啊！

　　談回這本《鬼哭神嚎－陰陽眼下的靈異世界 II》，前身就是《鬼哭神怒－陰陽眼下的靈異世界II》，那為什麼會挑選這本再版呢？原因是有一天總編告訴貓，其實到現在仍有讀者向出版社查詢訂購這本的實體書，但可惜已經售完，聽後貓

真的有點受寵若驚！熱淚盈眶！

貓⋯⋯從來都很眼淺！

但又不希望硬生生的翻印第二版了事，這不是貓和出版社的作風！想了想，這兩年雖是休養生息，但不是沒有奇異新鮮的個案發生啊！所以就決定多寫幾個出來跟大家分享一下。其他的個案就待貓整理過後，再另寫一本新作品。

願大家不嫌棄，請笑納。

走筆至此，提一提大家，不用試圖控制自己的情緒，想流淚的話就盡情流出來吧，但別忘記「喝水」啊！補充水分嘛！直到現在，貓的初心仍然沒有改變，包括寫作，包括⋯⋯你們懂我的！（單單眼）

陶貓貓

2022年6月15日

鬼哭神嚎

陰陽眼下的靈異世界II

作者　　：陶貓貓
出版人　：Nathan Wong
編輯　　：尼頓
設計　　：叉燒飯

出版　　：筆求人工作室有限公司 Seeker Publication Ltd.
地址　　：觀塘偉業街189號金寶工業大廈2樓A15室
電郵　　：penseekerhk@gmail.com
網址　　：www.seekerpublication.com

發行　　：泛華發行代理有限公司
地址　　：香港新界將軍澳工業邨駿昌街七號星島新聞集團大廈
查詢　　：gccd@singtaonewscorp.com

國際書號：978-988-75975-7-5
出版日期：2022年7月
版次　　：本書為《鬼哭神怒 陰陽眼下的靈異世界II》增訂版
定價　　：港幣108元